Adolf Wilbrandt

Das lebende Bild - Schauspiel in zwei Aufzügen

Adolf Wilbrandt

Das lebende Bild - Schauspiel in zwei Aufzügen

ISBN/EAN: 9783743620735

Hergestellt in Europa, USA, Kanada, Australien, Japan

Cover: Foto ©ninafisch / pixelio.de

Manufactured and distributed by brebook publishing software
(www.brebook.com)

Adolf Wilbrandt

Das lebende Bild - Schauspiel in zwei Aufzügen

Das lebende Bild.

Schauspiel in zwei Aufzügen

von

Adolf Wilbrandt.

Bühnen-Manuskript.

Berlin.

Gedruckt bei Julius Sittenfeld.

1889.

Personen.

———

Julius von Hochfeld.

Clotilde, seine Frau.

Luise, beider Tochter.

Hans von Hochfeld, Julius' Neffe.

Morland.

Fanny, seine Frau.

Bankier Ellenberger.

Herr von Marwitz.

Jeannette von Lossow.

Friedrich, Hochfelds Diener.

Herren und Damen.

Die Handlung spielt in der Gegenwart, in und bei der Hauptstadt.

Erster Aufzug.

Garten des Morland'schen Hauses. Im Hintergrunde das Haus; aus einem Gartensalon tritt man durch eine große Glasthür in den Garten. Beschattete Ruhesitze, mit einem Tisch; Statuetten; eine nach vorne offene Laube, in der nur eine Bank steht; Sessel daneben. Das Ganze reich, elegant.

Erster Auftritt.

Friedrich, dann Hans von Hochfeld.

(Friedrich, in mittleren Jahren, in Livree, sitzt vorne rechts*) am Tisch, den Kopf auf eine Hand gestützt, und schläft. Hans, mit Hut und Stock, öffnet hinten die Glasthür, schaut suchend im Garten umher; entdeckt dann Friedrich, tritt näher.)

Hans. Friedrich! (Friedrich wacht auf; ist sehr verlegen, sucht sich schnell zu ermuntern. Hans, gemüthlich lächelnd) Was! Sie schlafen hier? bei hellem Tage? Na, das muß mich wundern. Friedrich, der „Musterdiener" —

Friedrich (ist aufgestanden). Das sagen Sie wohl, Herr von Hochfeld. (verdrießlich) Die Natur fordert ja bekanntlich ihre Rechte; und wen man bei Nacht nicht schlafen läßt, der muß dann bei Tage schlafen. Das war immer so —

Hans. Also Ihr lebt hier so lustig?

Friedrich (seufzt). Es macht sich. Heute Vormittag war große Reitpartie; heute Nachmittag so eine Art Regatta (nach links deutend) im großen Park, auf dem See; die Damen führen mit den Herren eine Ruder-Quadrille auf. Heute Abend werden wir (nach dem Hause deutend) im Konzert-saal „lebende Bilder" haben; zum Schluß italienische Mond-scheinnacht im Garten —

---

*) Rechts und links ist immer vom Zuschauer aus gedacht.

1*

Hans. Teufel —! Und ich draußen auf dem Lande, — mit den Hühnern zu Bett!

Friedrich. Ich beneide Sie und die Hühner, Herr von Hochfeld. — Kommen Sie eben erst?

Hans (schüttelt den Kopf). Ich war schon zwei Stunden in der Stadt: allerlei Geschäfte. Eh' ich wieder hinausreite, wollte ich den Damen guten Tag sagen —

Friedrich. Alle auf dem See; Quadrille. (sieht nach seiner Uhr) Werden aber kommen. Die Stimme meiner gnädigen Frau mein' ich schon zu hören —

Hans (wirft sich auf einen Stuhl). Quadrille auf dem See! „Lebende Bilder!" (Seufzt.) Und ich wieder aufs Land!

Friedrich (für sich). Und ich wollte, ich könnt' auf seinem Pferd aus diesem Babel hinausreiten, zu meinem gnädigen Herrn!

Zweiter Auftritt.
Die Vorigen, Clotilde.

Clotilde (noch draußen). Hans! Bist Du's?

Hans (springt auf). Meine Tante!

Friedrich. Ja, meine gnädige Frau!

Clotilde (kommt von links, elegant frühlingshaft gekleidet, im Hut, auf der Brust einen phantastischen Orden. Herzlich lächelnd). Nun, Landjunkerchen? Sieht man Dich einmal? (Giebt ihm die Hand.) Ich sah Dein gesundes, röthliches Gesicht schon von Weitem glänzen; da schlug mir das Tantenherz, und ich bin meinen Herren weggelaufen —

Hans. Beste aller lebenden Tanten! (Küßt ihr die Hand.)

Clotilde. Armer Friedrich! Welches Bild des Jammers; (da Friedrich verstohlen gähnt) Mund auf, Augen zu! — Sie sind hoffnungslos müde, Friedrich — (Er schüttelt den Kopf.) Mein gutes Herz, leugnen Sie doch nicht. Sie halten dieses Leben nicht aus; Sie verwünschen mich. (Er macht leidenschaftlich verneinende Bewegungen.) Es wird anders werden, mein Armer, — früher oder später. Jetzt aber sollen Sie schlafen: gehn Sie in Ihr Zimmer, legen Sie sich hin!

Friedrich. Um Gottes willen, liebe gnädige Frau! Machen Sie mich nicht zum Kinderspott —

Clotilde. Ich brauche Sie jetzt nicht. Gehn Sie; (liebenswürdig gebieterisch) ich will es!

Friedrich (zuckt, sich fügend, die Achseln). Schlafen werd' ich doch nicht —

Clotilde. Nun, dann ruhen Sie. (Schiebt ihn sanft nach hinten.) Fort! fort!

Friedrich (geht für sich). Wenn sie nicht so gut wäre ... (weich) Aber was will man machen: ihr Herz ist zu gut! (Nach hinten ab, ins Haus.)

Clotilde (sinkt auf einen Stuhl neben der Laube). Ah! Müde bin ich auch. An allen Gliedern. (drollig) Hans! Hans! Ich werde alt!

Hans (lächelnd). Du kommst von der Ruderpartie —

Clotilde. Ja. Siehst Du den Orden hier? Den hat mir der Hausherr, Schwager Morland, eben angeheftet: 's ist der Ruderpreis. Glücklicher Hans, Deine Tante hat sich ausgezeichnet; als Führerin ihres Seelentränkers, bei der Quadrille —

Hans. Seelentränker! Was ist das?

Clotilde. Unglaublich! So ein allerliebster, un= schuldiger Krautjunker, der nicht weiß, was das ist! — Nußschalen für Einen Menschen, mein Sohn, mit Einem Ruder, das man (Geberde) so hin und her schlägt, das sind Seelentränker: — und frage mich nicht, was das Wort bedeutet, denn ich weiß es nicht. Sitzend liegt man drin, wie ein Kind auf einem Riesenblatt der Victoria Regia; und wie in einem Traum schwimmt man dann dahin. (Steht auf.) Nun kommen sie von allen Seiten heran, diese schwimmenden, bunten Blätter, auf jedem rudert ein Herr oder eine Dame; (mit lebhaften Geberden beschreibend) alle ru= dern auf einander zu, wie um sich in den Grund zu bohren; dann wieder alle zurück, pfeilschnell auseinander;

dann alle im Kreise herum, langsam, wie Schwäne hinter
einander her. Nun in zwei Reihen senkrecht aufeinander,
ein großes, schwimmendes Kreuz; nun Paar an Paar —
wachsen zusammen — wachsen auseinander — fliehen sich,
finden sich — wie bunte Libellen, die über dem Wasser
tanzen. Endlich, wenn es keine mathematische Figur mehr
giebt, die man nicht gemacht hat, salutirt man mit dem
Ruder — feierliche Verneigung — und aus ist's...
(Sinkt wieder auf ihren Stuhl.) Ja, mein Sohn, das ist die
Quadrille!

Hans (aufgeregt, seufzend). Und ich draußen, als
„Stoppelhopser"!

Clotilde (mit mütterlichem Ernst). Natürlich: das ist
Dein Beruf! — — Wie schlägt Dir's an, Junge?

Hans (setzt sich). Danke. So, so. Der Inspektor des
Hauptguts, unter dem ich als „Volontär" meine Lehrjahre
abdiene, ist leidlich zufrieden. (Gutmüthig lächelnd.) Für ein
großes Licht scheint er mich zwar nicht zu halten (Clotilde
zuckt heiter die Achseln); aber er behandelt mich mit Achtung.
Uebrigens soll ich Dir von ihm vorläufig sagen, daß er
sehr gerührt ist: Du hast ja seiner kranken Frau eine ganze
Apotheke geschickt —

Clotilde. Wird sie besser?

Hans. Ja. — Er ist doppelt gerührt, daß Du,
bei Deinem (etwas stockend) ruhelosen großstädtischen Leben —

Clotilde (verfinstert sich, macht eine ungeduldige Bewegung,
worauf Hans verstummt). Schon gut! — — Und Du?
(wieder heiter) Hast Du Dich von Deiner letzten Verliebung
erholt?

Hans. Ja. Das ist vorbei. Du hattest Recht,
Tante; — wie immer. Sie hätte nicht für mich gepaßt.
(Lächelnd.) Es war eine Dummheit. — Ja, das ist vorbei.

Clotilde (die ihn klug forschend betrachtet). Junge, Du
ängstigst mich. „Das ist vorbei"... Du sprichst ja,
als wenn schon wieder etwas Andres — —

Hans (lacht zutraulich). Dein Generalstabs=Blick! —
Es ist nicht von Bedeutung. Ich will nur pflichtschuldig

beichten, daß mir neulich, als ich zum Theater in die Stadt kam, eine reizende junge Dame mit wunderbar frischen Farben sehr — sehr imponirt hat —

Clotilde. Schon wieder! — Kennst Du sie?

Hans. Ja. Fräulein von Sabirow. Kennst Du sie auch?

Clotilde. Ja. Sie malt sich sehr ähnlich: vor zehn Jahren sah sie grade so aus, wie jetzt!

Hans (verblüfft). Vor zehn Jahren?

Clotilde. Ja.

Hans. Sie malt sich?

Clotilde. Ja. — — Ja, mein Herzchen, Deine unschuldigen Landjunker-Augen wählen bis jetzt nicht glücklich. — Einen mütterlichen Rath möcht' ich Dir noch geben; — darf ich?

Hans. Bitte! ·

Clotilde. Du suchst durchaus schon Deine Zukünftige, — nun, meinetwegen; aber Du Unglücklicher hast die fixe Idee, Dich so recht durch einen Gegensatz zu ergänzen; (mit einem leisen Seufzer vor sich nieder blickend) gieb das auf, mein Junge. Mann und Weib sind von Natur schon verschieden genug; und wenn nun gar Schwarz und Weiß sich zusammenthun, (mit dem Finger mehrere Kreise in einander in der Luft beschreibend) so neben einander auf die Scheibe gemalt — und in der Ehe die Scheibe sich zu drehen anfängt — so wird ein trauriges Grau daraus... Nimm Dir lieber Eine, die von Deiner Art ist; wirst Dich immer noch wundern, wie sehr die Bäumchen auseinanderwachsen, — Du nach rechts, sie nach links; (wieder leise seufzend) dafür ist gesorgt!

Hans (etwas befangen). Ja, ja. — — (sucht zu scherzen) Ich habe ja vor der Weisheit meiner Tante Clotilde allen denkbaren Respekt. Führe auch aus Dankbarkeit und Anbetung Deine Photographie immer in der Brusttasche —

Clotilde (lacht). Rührender junger Mensch!

Hans (für sich). Sie fragt noch immer nicht nach ihrem Mann!

Clotilde (für sich). Er spricht nicht von Julius!

Hans (mit einem Anlauf). Ich reite also noch heute Abend wieder hinaus ... Mein Kousinchen ist hier?

Clotilde. Ja, Luise ist seit drei Tagen hier. Ich hab' nun also eine große, sechzehnjährige Tochter; aus der Pension entlassen —

Hans (mühsam). Und Du — und Ihr — Und Du denkst hier noch lange bei Tante Morland zu bleiben?

Clotilde. Warum sollt' ich fort?

Hans. Hm! — Freilich ... (Zieht mit einer verlegen ungeschickten Bewegung ein Billet aus der Tasche.) Ich hab' da auch von Onkel Julius einen Brief an Dich —

Clotilde (steht unwillkürlich halb auf). Ah! (Setzt sich langsam wieder; streckt die Hand mit scheinbarer Ruhe nach dem Billet aus, nimmt es zwischen zwei Finger.)

Hans. Und wahrscheinlich kommt er heute noch selbst; (mühsam) um seine große Tochter zu sehen —

Clotilde (nickt; mit äußerer Fassung). Sie erwartet ihn schon. (Will den Brief öffnen; hält inne. Für sich) Was kann darin stehn? Das Alte: daß — die Bäume auseinander gewachsen sind; daß wir uns nicht mehr verstehen ... (laut) Nun? Und wie — wie lebt ihr?

Hans. Danke; so, so. — Onkel Julius ist sehr thätig; wandert viel mit dem Inspektor herum, sitzt halbe Tage über seinen Büchern, — ist sehr glücklich mit seiner alten Liebe, seinen Blumen. Zur Abwechselung haben wir auch ein Unglück gehabt: von den beiden großen Statuen in Gips, die in Onkel Julius' Arbeitszimmer stehn — Flora und Fortuna — ist die eine zerschlagen worden, die For=tuna —

Clotilde. Durch wen?

Hans. Durch den alten Mahnke; er fiel.

Clotilde (mit etwas schmerzlicher Betonung). Die Fortuna?

Hans. Ja.

Clotilde (vor sich hin). Hm! — — Entschuldige! (Oeffnet den Brief, liest für sich.) „Da Du Dich nicht ent=schließen kannst, die Stadt zu verlassen, mein einziges Kind aber jetzt bei Dir ist, so muß ich mich entschließen, in die Stadt zu kommen; wenigstens auf eine Stunde, um mein Kind zu sehn. Ich hoffe wenigstens diese eine Stunde mit Euch freundlich zu verleben; weiter hoffe ich nichts .." (Drückt den Brief zusammen. Schmerzlich wiederholend) „Weiter hoffe ich nichts!" — O Julius, Julius! Was ist aus uns geworden? (mit wieder erwachendem Trotz) Soll ich mich mit ihm aus der Welt verbannen, weil er die Laune hat, welt=müde zu sein? Sind wir denn alt und grau? — Ich will leben, leben —

Hans (hat unterdessen Blumen gepflückt und sein Knopfloch damit geschmückt; blickt jetzt nach links hinaus. Begeistert). Ah, die Damen von der Quadrille! (Clotilde steckt den Brief hastig in die Tasche; Fanny, eben auftretend, bemerkt's noch.)

Dritter Auftritt.

Die Vorigen; Morland, Fanny, Jeannette von Lossow, Ellenberger, von Marwitz, Herren und Damen (von links).

Morland (noch in mittleren Jahren, mit stattlicher Glatze, beleibt; tritt etwas feierlich vor). Meine sehr werthe und sehr zu verehrende Schwägerin Clotilde, edler Gast meines Hauses! es hat der Gesellschaft gefallen, Dir noch ein be=sonderes, feierliches Ehrenzeichen zu widmen —

Fanny (nach links deutend). Von den Damen soeben gepflückt und gewunden —

Jeannette (tritt vor, einen einfachen Kranz, etwa aus Wasserpflanzen gewunden, in der Hand). Und ich soll die unver=diente Ehre haben, es zu überreichen. Diesen Kranz — unsrer Ruderkönigin!

Ellenberger. Evviva!

Morland. Sie lebe hoch!

Clotilde. Aber, meine Damen und Herren, Sie be=schämen mich. Nach dem Orden auch noch den Kranz? Das ist ungerecht; das muß ja den blassen Neid gegen mich erwecken. Diesen Kranz hätte Fräulein von Lossow, unsre kühnste Reiterin, verdient — (Will ihn Jeannetten auf- setzen.)

Jeannette. Nein, nein! (Nimmt ihn Clotilden wieder aus der Hand, setzt ihn ihr auf.) Der Königin der Gesellschaft!

Ellenberger. Brava, brava!

Fanny (stellt sich vor Clotilde; heiter). Im Namen meiner Schwester danke ich der Gesellschaft und erkläre hiermit: Angenommen, Punktum!

Clotilde. Was soll ich machen? Ich weiche der Gewalt. Sehen Sie, großmüthiges Fräulein Jeannette, wie mein Neffe Sie bewundert; (ihn vorstellend) mein Neffe, Hans von Hochfeld, den Sie noch nicht kennen. (Hans verneigt sich tief; begrüßt dann Morland und Fanny, giebt ihnen die Hand.) Man verwöhnt mich so, daß ich es endlich gar nicht mehr aus= halten werde, auf dem Lande zu leben —

Hans (leise zu Clotilde, auf Jeannette blickend). Tante Clo= tilde! Aber Die ist doch richtig jung?

Clotilde (leise). O ja; nach ihrem Taufschein sehr jung!

Hans. Ein reizendes — — Du! Ob die sich wohl für einen Landjunker wie mich — (Stockt.)

Clotilde. Interessiren könnte? (Er nickt.) Wenn Du ein Pferd wärst, o ja!

Hans. Was heißt das?

Clotilde (blickt ihn lächelnd an; wendet sich dann zu Jeannette; laut). Ich muß Ihnen etwas verrathen, Fräulein Jeannette, das Sie nicht glauben werden: dieser mein Neffe, ein sonst braver Mensch, weiß noch nichts von Stronzian!

Jeannette (starrt ihn an). Sie wissen nichts von Stronzian?

Hans (etwas verlegen). Nein. Wer ist Stronzian?

Ellenberger. Sie wissen nicht, wer Stronzian ist? Dieses Phänomen?

Jeannette. Mein edler Stronzian!

Ellenberger. Ja, Ihr edler Stronzian! Aber ich, der ich eines seiner Opfer bin: mit all meinen besten Pfer= den schmählich besiegt -

Clotilde (zu Hans). Nämlich Bankier Ellenberger ist auch auf dem Turf zu Hause —

Hans. Ah! Endlich versteh' ich. Stronzian ist ein Rennpferd!

Jeannette (halb ernsthaft). Aber, mein Herr, so spricht man nicht von Stronzian. Das ist nach Kinesem das Höchste, was man je erlebt hat —

Ellenberger. Das Pferd aller Pferde —

Fanny. Dessen Namen ich gar nicht mehr aussprechen kann, ohne mich zu begeistern —

Hans (überrascht). Taute Fanny! Du auch?

Fanny. Ja, mein Lieber, auch ich lebe jetzt im Stronziankultus; ich wette auf ihn, ich träume von ihm, (lächelnd) ich glaube an ihn —

Morland. Nun, das ist keine Kunst: denn er ge= winnt stets!

Fanny. Ja, veni, vidi, vici! Sieh seine Lebens= geschichte an, mein Lieber — man hat sie gedruckt — (Greift in eine von Morlands Seitentaschen, zieht ein paar Blätter hervor.) Nein, das ist es nicht. Das sind die Rennen, die ihm jetzt im Mai und Juni noch bevorstehn . . . (zu Mor= land) Wo ist Stronzians Biographie?

Morland (phlegmatisch). Rechts, wenn ich nicht irre —

Fanny (greift in Morlands Tasche rechts, zieht ein Heftchen hervor). Ja, das ist sie. Da! (Giebt es Hans.) Vierzigmal gesiegt . . . Ich wette von nun an nur noch auf Stronzian! (Zu Hans.) Schau Dir mein Wettbuch an, da wirst Du sehen . . . (Greift wieder in Morlands Seitentasche rechts, zieht die Hand leer heraus.) Steckt mein Wettbuch links?

Morland (phlegmatisch). Nein: in der Brusttasche wenn ich nicht irre. (Will es herausziehen; Fanny kommt ihm zu= vor, findet es.)

Fanny. Da hab' ich's! (Reicht es Hansen hin, der sie und Jeannette immer wieder verwundert betrachtet. Heiter.) Studire es; bilde Dich!

Clotilde (ebenso). Und bis er sich gebildet hat, ver= zeihen Sie ihm, Fräulein Jeannette; sein Herz ist eigentlich gut! (Sich zu Herrn von Marwitz wendend.) Worüber lächeln Sie, Herr Politiker? mit Ihrem staatsmännischen Lächeln?

Marwitz. Ich?

Clotilde. Ja, Sie, Herr von Marwitz.

Marwitz. Es war nur so ein Lächeln, (lächelnd) ohne jede politische Bedeutung. Ich betrachtete Sie, in Ihrer glücklichen, menschenfreundlichen, berauschenden Heiterkeit, und wunderte mich, daß Sie liebenswürdigste Frau doch auch einen Feind haben können. Denn Sie haben einen —

Clotilde. Ich? einen wirklichen Feind?

Marwitz. Ja, ja. Einen meiner Kollegen im Par= lament; einen nicht sehr hageren Mann, mit mehr Schädel als Haaren —

Clotilde. Ah! nun weiß ich, wen Sie meinen! Der hat mich einst als junges Mädchen angebetet, wie er be= hauptete; aber nun haßt er mich, wegen der Ochsenrede —

Morland. Ochsenrede? Was ist das?

Clotilde. Dieser dicke Demosthenes machte mir den Hof: und sein abscheulicher Plan war, mich ins Parlament zu locken, wo mein Herz sich an einer seiner stimmungs= vollen Reden tödtlich berauschen sollte. In Gottes Namen! sagte ich endlich, morgen reden Sie im Reichstag, um den Staat zu retten; ich nehme Ihre Eintrittskarte und ich gehe hin. Gefällt mir Ihre Rede so sehr, daß sie mich begeistert, dann werd' ich mein Taschentuch in die Höhe heben und wie eine Fahne schwenken; bleibt aber die Be= zauberung aus, so heb' ich das Taschentuch nur bis an die Nase und niese hinein! — Abgemacht; die Sitzung hat begonnen; „Herr N. N. hat das Wort." Er steht auf: (sie erhebt sich) „Meine Herren —!"

Marwitz (lacht). Vortrefflich! — Bleiben Sie stehn, gnädige Frau, halten Sie die Rede!

Clotilde. Ich soll diese ganze Rede halten?

Jeannette. Ja, die ganze Rede!

Ellenberger. So, wie Sie gestern beim Thee die Familie Müller spielten: es war unvergleichlich!

Clotilde (lächelnd). Verlangt die ganze Gesellschaft, daß ich die Rede halte? (Lebhafte Zustimmung; Jeannette schwenkt ihr Taschentuch.) Gut, so rede ich, in Gottes Namen; und spreche auch alle die Gedanken, die er während der Rede hatte -- während er mich ansah! — Dieser Fächer ist sein Papiermesser, damit muß ich spielen; (ihr Haar etwas in Unordnung bringend) diese Frisur stellt seine letzten dreizehn Haare vor. (Tritt hinter einen Stuhl, nimmt eine bedeutende Miene an, scheint ihren Rock bis oben zuzuknöpfen, räuspert sich.) „Meine Herren!*) Es ist eines der ernsten Zeichen unserer Zeit, daß die „Ochsenfrage", wie ein geistreicher Vorredner den Gegenstand unserer heutigen Verhandlung genannt hat, — daß selbst diese Ochsenfrage zu einer Lebensfrage unseres Staates wird und an den Säulen der öffentlichen Wohlfahrt rüttelt! Denn" — — (leiser, wie für sich, und seitwärts in die Höhe blickend) Ist sie da? — Ja. Sie hat das Taschentuch in der Hand ... (Wischt sich den Schweiß von der Stirn.) „Denn, wenn ein tiefsinniges altes Sprichwort sagt: quod licet Jovi, non licet bovi — wie kommen die Ochsen unsres vielbewegten Vaterlandes dazu, die Rolle des Blitzes zu spielen, der plötzlich aus heiterem Himmel auf uns niederfährt?" (für sich) Warum lächelt sie? Findet sie es witzig — (sich wieder die Stirn trocknend) oder hab' ich was Dummes gesagt? — „Und doch handelt es sich hier nicht um jene Ochsenfrage, die leider jedesmal auftaucht, wenn sich eine verderbliche Viehseuche unsern Grenzen nähert" — ich glaube, sie lächelt mir zu — auch nicht um weise Maßregeln unserer Zollpolitik, durch die wir unsern Nationalbesitz an Rindvieh gebührender Weise zu vermehren trachten" — Warum hebt sie denn schon das Taschentuch? — Nur bis an den Mund ...

„Sondern um eine jener" — — Sie hält es sich vor den

---

*) Die Darstellerin wird irgend eine drollige oder auffallende Persönlichkeit, die ihr bekannt ist, mit Geschmack zu kopiren suchen.

Mund! — „Sondern um eine so künstlich aufgebauschte, pfahlbürgerliche Interessenfrage, daß der weiterblickende, echte Vaterlandsfreund wohl mit einigem Unwillen fragen darf: wer ist hier der Ochse?" — Das war gut. Ah! Jetzt hebt sie das Taschentuch . . . Nein, nur bis zur Nase . . . Teufel! — — Die Pause wird zu lang . . . „Meine Herren! In einer solchen Lage" — — (erleichtert) Sie reibt nur ihr Näschen. — „In einer solchen Lage ist es die Pflicht der Regierung, den frivolen Anstiftern eines solchen Interessenkampfs den Herrn zu zeigen: hier also, den Ochsen bei den Hörnern zu fassen und ihm zuzurufen: ich, der Staat, bin ein größerer als du!" — Ob sie jetzt das Tuch hebt? Ja! (Plötzlich niest Clotilde laut, doch wie wenn es aus einiger Entfernung käme.) Sie niest! Großer Gott! (wie sich an einen Nachbar wendend, schwach) Bitte, ein Glas Wasser! — „Dixi — animam salvavi!" (Clotilde tritt hinter ihrem Stuhl hervor, verneigt sich scherzhaft.) Dies, meine Herrschaften, war die Ochsenrede.

Marwitz. Bravo! Als ob ich ihn hörte! (Zurufe und Händeklatschen.) Erlauben Sie mir, Herr Kollege, Sie zu beglückwünschen! (Drückt ihr scherzhaft feierlich die Hand.)

Jeannette. O Sie goldenste Frau! (Küßt ihr die widerstrebende Hand.) Nun halt' ich es nicht länger aus ohne Ihr Bild: Sie haben mir's versprochen —

Clotilde. Hätt' ich nur noch ein einziges Bild von mir! (plötzlich) Hans! Du hast meine Photographie in der Brusttasche, sagtest Du vorhin. Willst Du sie mir für das Fräulein geben?

Hans (eifrig). Mit unendlichem Vergnügen — (Giebt sie ihr hin.) Das heißt, auf Ersatz!

Clotilde. Gewiß!

Jeannette. Mit Autograph!

Clotilde. Wie Sie wünschen. (Schreibt mit einem zierlichen Bleistift ein paar Worte auf die Rückseite der Photographie.) Hier!

Jeannette (nimmt die Photographie). Tausend Dank! (Liest.) Ich muß noch etwas dazu schreiben . . . (Schreibt.)

Clotilde. Darf man wissen, was?

Jeannette. O ja; es ist kein Geheimniß —

Clotilde (sieht ihr über die Schulter, liest). „Mein Ideal!" — — Oh! Kind, was schreiben Sie da —

Jeannette. Die Wahrheit! Weiter nichts!

Clotilde. Sie sollten mir lieber Revanche geben; Ihr Bild!

Jeannette. Sobald ich eines habe; ich lasse mich nächstens zu Pferde photographiren . . . Einstweilen geb' ich Ihnen etwas Besseres — ich hab's immer bei mir — Stronzians Photographie! (Zieht sie aus dem Busen oder aus der Tasche.)

Clotilde (unwillkürlich lächelnd). Sie berauben sich so um meinetwillen . . . Danke, danke. (Zu Hans.) Nun, so schau Dir das Wunder an! (Hält ihm das Bildchen hin, es zwischen den Fingern behaltend.) Auf der Rückseite, seh' ich, steht etwas geschrieben. — „Mein Ideal!" — — Ah!

Jeannette (erröthend). Mein Gott! (Streckt die Hand aus, ihr das Bild wieder fortzunehmen; hält dann verlegen inne.) Verzeihen Sie . . . Ich hatte ganz vergessen, daß — —

Clotilde (lächelt). Daß Sie noch ein „Ideal" hatten? — Was ist da zu verzeihen? Ich Glückliche: ich stehe bei Ihnen ebenso hoch, wie ein so vortreffliches Pferd!

Hans (für sich, abgekühlt). Ich danke; mit diesem Gaul konkurrir' ich nicht! (Wendet sich zu Morland; sie beginnen leise zu sprechen, doch blickt Hans von Zeit zu Zeit wieder zu Jeannetten hinüber.)

Clotilde (leise zu Fanny, die verstohlen ihren Arm faßt). Was willst Du? Was giebt's?

Fanny (sie langsam über die Bühne führend, von den Andern weg, die mit einander plaudern oder im Hintergrunde umhergehen; leise). Du hattest da vorhin einen Brief . . . Von Deinem Mann?

Clotilde. Ja.

Fanny. Er kommt hierher? (Clotilde nickt.) Schwester, Schwester, bleib fest! (da Clotildens Gesicht sich verfinstert) Es ist Eure Sache, ganz allein, ich weiß es: — aber ich bin

älter als Du, (mit einem Blick auf Morland) ich habe die Er=
fahrung — also erlaube mir nur Ein Wort! Dies ist Eure
Krisis, Kind . . . Dein Julius schmollt und grollt jetzt ab=
seits, in seinem Zelt, wie Achill: — bleib' Du fest! Bleib'
fest! Wenn er sieht, daß seine thörichte Laune nicht über
Dich siegt, daß Du auf Deinem Willen beharrst, weil er
vernünftig ist, so wird er endlich in sich gehen, Dich ge=
währen lassen — und zu Dir zurückkommen! — Schau,
Tilde, wie ich meinen Anton erzogen habe: ich nähre ihn
vortrefflich — (lächelnd) das sieht man — ich lasse ihm seine
kleinen Liebhabereien und Thorheiten — (lächelnd) denn die
machen ihn glücklich; dafür hab' ich Freiheit, in allen Ehren
zu thun, was ich will! (Ihr einen leisen Stoß gebend.) Bleib
fest! (Laut.) Jetzt, meine Damen und Herren, kommt der
Ernst des Tages! Es will Abend werden; die geehrten
„lebenden Bilder" werden die Güte haben, sich in ihre
Garderoben zu begeben: die Primadonna Frau von Hoch=
feld voran. Unterdessen nehmen wir Andern im Konzert=
saal Musik und Erfrischungen zu uns; — auch Herr Hans
von Hochfeld wird hiermit feierlich geladen. (Zu Clotilde.)
Komm, lebendes Bild! Komm!

Clotilde (zerstreut, etwas unruhig). Ja, ich komme gleich.
(Geht nur! (Für sich.) Wo bleibt mein Kind? Es ist ja,
als meide sie mich; als gehe sie mir, ihrer Mutter, aus
dem Wege —

Fanny) (hat Ellenbergers Arm genommen, geht dem Hause zu;
paarweise folgen die Andern; Hans, etwas scheu, mit Jeannette. Fanny
ruft zurück). Du wirst Dich nicht verspäten?

Clotilde (die nach links hinausblickt, für sich). Da kommt
sie endlich. (Laut.) O nein! (Alle, außer ihr, ins Haus.)

Vierter Auftritt.
Clotilde. Luise.

Clotilde (gepreßt). Wie viel sie vom Vater hat in Hal=
tung und Gang . . . Und wie ernst sie mich ansieht. — —
Sonderbares, wunderliches Kind!

Luise (kommt langsam, von links). Du noch im Garten,
Mutter?

Clotilde. Das wollt' ich Dich eben fragen. Und so allein für Dich —

Luise (scheinbar leichthin). Mich entbehrt ja Niemand. Hat man mich vermißt?

Clotilde. Ich hatte Dich entschuldigt: Du seist beschäftigt —

Luise. Danke. So ist's ja gut. Wenn sie jetzt Musik machen, oder Orangen essen, — was liegt daran, ob ich mitesse. Aber Du willst Dich ja griechisch kostümiren . . . (Sieht nach ihrer Uhr.) O, Du solltest gehn: es wird spät!

Clotilde (mit etwas gereiztem Lächeln). Dieses sechzehn= jährige Mädchen ist die Pünktlichkeit in Person; sieht immer nach der Uhr — (für sich murmelnd) grade wie ihr Vater. (laut) Was thatst Du da so lange allein?

Luise. Ich war im Gewächshaus; hab' die Pflanzen studirt. Dann schienen mir auf einem Beet die Blumen etwas vernachlässigt; da hab' ich Wasser geholt und sie be= gossen —

Clotilde (für sich, erzwungen lächelnd). Wieder des Vaters Kind! (laut) Ich hab' Dir etwas zu sagen, Luise. Du wirst wahrscheinlich heute noch Deinen Vater sehn —

Luise (mit einer freudigen Bewegung). Ah!

Clotilde. Nach diesem großen Abschnitt in Deinem Leben, Kind: aus der Schule in die Welt getreten — aus der kleinen, stillen Stadt in die Millionenstadt — natürlich will Dein Vater sehn, wie Du Dich nun ausnimmst. (immer mit Anstrengung) Ich hoffe, Dein liebes, gutes Gesicht wird ihm wohl gefallen; — nun, und vielleicht auch das an Dir, was mir nicht gefällt —

Luise. Hm! — Zum Beispiel, Mutter — ?

Clotilde (mit schwachem Lächeln). Zum Beispiel schon dieses „Hm", das Du Dir offenbar nicht abgewöhnt hast, und das so sonderbar unjugendlich, unmädchenhaft ist; hinter dem sich immer ein stiller kleiner Trotz, oder eine kritische Mißbilligung versteckt . . . Ueberhaupt, mein liebes Herz, möchte ich Dir sagen: Kind, werde kindlicher! Junges

2

Mädchen, werde jünger, werde mädchenhafter! — Mädchen
und Frauen, weißt Du wohl, sollen wie Blumen sein, die
die Erde schmücken; und wie vortrefflich wir auch in unserm
Innersten sein mögen, unsere erste Pflicht bleibt doch immer,
liebenswürdig zu sein. Es ist gewiß sehr lobenswerth
und sehr respektabel, wenn man ein tüchtiger, ordentlicher und
solider Mensch ist: aber so wenig man seinem Kinde wün=
schen kann, mit zwanzig Jahren schon graue Haare zu
haben, so wenig könnte ich wünschen, mein Herz, daß Du
vor lauter Tüchtigkeit und Solidität mit zwanzig Jahren
eine alte Frau würdest, der man respektvoll ausweicht!
Deine Pünktlichkeit, Deine Ordnungsliebe, Deine in Dich
gekehrte, stille Ernsthaftigkeit, Dein fast kaufmännisches Buch=
führen, (auf sie deutend) die Einfachheit Deiner Toilette — all
diese ehrenwerthen Eigenschaften haben, wie ich merke, gar
so ungestört an Dir zugenommen, daß ich vorhin einmal
dachte: ist sie älter, oder ich? — Meine liebe Luise,
halt' ein wenig inne! übertreib' es nicht! Werde mir nicht
ehrwürdig, eh' Du rechtschaffen jung warst!

Luise. Hm! — Ich soll also lieber unpünktlich, un=
ordentlich und unsolid sein —

Clotilde. Gott sei Dank, da spricht sie einmal wie
ein dummes Ding! — — Nein, das sollst Du nicht;
aber —

Luise. Aber das alles hab' ich ja vom Vater!

Clotilde (nach kurzem Schweigen, mühsam). Ja, gewiß.
Gewiß. Und ich sagte ja: es sind ehrenwerthe, gute, gute
Eigenschaften — — nur übertreibe sie nicht — — sie
sind auch gefährlich, mein Kind. Sie können sehr
drückend werden, wenn man sie hegt und pflegt, wenn sie
wachsen und wachsen . . . Schau Dich an, wie Du aus=
siehst. Dieses Nonnenkleid —

Luise. Ich lieb' es so, Mutter.

Clotilde. Ja, ja. Du liebst es so. Womit wird
das enden? Daß Du jahraus, jahrein dasselbe Gewand
trägst, — nun ja, wie er, wie Dein Vater: daß man Dich
auswendig weiß wie einen Gesangbuchvers; daß Du end=

lich auch die Treue gegen Deine Ueberzeugungen so weit treibst, Alles auf **Vorrath**, **doppelt** und **dreifach** zu haben: Hut, Rock, Mantel, Alles . . . Sieh zu, mein Kind, — ob Dich die Welt dann auch **liebenswürdig** findet: (steckend, zögernd) wem Du dann gefällst, wen Du damit beglückst! — Ich gehe jetzt, um mich umzukleiden, (mit gespanntem Lächeln) denn ich muß sonst fürchten, Du siehst wieder nach der Uhr; — möchtest Du unterdessen ein wenig über meine Warnungen nachdenken —

Luise (mit verhaltener Melancholie). Gewiß!

Clotilde (geht nach hinten). Also ein andermal mehr! (Bleibt stehn, blickt zurück. Plötzlich) Nein, ich kann's nicht anschauen. Grausame Nüchternheit! (Kommt schnell zurück, löst sich ein rothes Tuch ab, das sie unter dem Kragen trägt.) Ich muß Dich aufmuntern . . . Da! (Bindet es Luisen hurtig um; eilt dann davon, ins Haus.)

Fünfter Auftritt.
Luise; dann Julius.

Luise (nach einer Weile, gedrückt). Ich versteh' sie nicht, sagt sie. — Ich versteh' sie wohl. Das alles gefällt ihr nicht, was ich vom **Vater** habe; (schwermütig vor sich hin) bei dem sie nicht ist — und der nicht bei ihr ist. (Legt eine Hand an den Kopf. Julius kommt von vorne rechts, einen breitrandigen, dunkelbraunen Filzhut auf dem Kopf, einen braunen Kapuz-Mantel über den Arm gelegt; bleibt, da er sie sprechen hört, stehn, von ihr unbemerkt.) Was soll ich denn also anfangen, um ihr zu gefallen? Soll ich nicht mehr Luise von **Hochfeld** sein —

Julius. Meine Luise! Mein Kind!

Luise. Vater! (Eilt zu ihm, wirft sich ihm ans Herz.)

Julius (sie streichelnd, zärtlich). Gutes, holdes Kind! — — Sprachst Du wieder laut mit Dir? (sucht zu lächeln) Also diese träumerische Offenherzigkeit — von der Mutter her — haben wir behalten? — — Laß gut sein . . . Friedrich hatte Recht: Du sei'st noch im Garten. Ich kann also mein Kind, meinen Liebling ans Herz drücken, (mit einem Ausdruck des Widerwillens nach dem Hause blickend) ohne die ganze Bevölkerung des Salons zu sehn. Eine Stunde wenigstens hab' ich diesen Schatz; (verbissen) dann — schnell wieder fort!

Luise. Nein, Du sollst nicht fort. (Nimmt ihm Hut und Mantel ab, legt sie auf einen Stuhl.) Ich werde Dir das nicht wiedergeben, verstehst Du; also mußt Du hierbleiben —

Julius. Hm!

Luise (sieht ihm etwas scheu in das verdüsterte Gesicht). Ver= zeih), wenn ich da eben etwas Dummes sagte; (an ihn ge- schmiegt) sei nur gut: hab mich lieb!

Julius. Hätt' ich Dich etwa nicht lieb, Kind? (sie wieder streichelnd) Bist Du nicht mein Glück? — Komm, laß Dich anschauen: — sie hat nicht übertrieben, Deine Pensions= mutter: eine rechte Blume. (mit zurückhaltendem Vaterstolz) Ja, ja! — — Setz' Dich zu mir, Kind: laß mich diesen Augen= blick ungestört genießen! (auf einer Bank, Luise sanft an sich drückend) Dies ist nun also nicht mehr die Schulbank in der Pension: Englisch und Französisch haben wir vorläufig genug gelernt; nun auf gut Deutsch ins Leben — tapfer und tüchtig — (etwas gepreßt) wie es uns auch anschaut!

Luise (ebenso). Gewiß, Vater; gewiß!

Julius. Deine Pensionsmutter hat mir viel Liebes. Gutes von Dir geschrieben: daß Du in Manchem ein Vor= bild für die Andern warst; ausdauernd, gewissenhaft, treu — liebevoll mit allen Geschöpfen der Natur, Pflanzen oder Thieren — auch musterhaft ordnungsliebend — (lächelt) darin erkenn' ich mein Kind. (Sie nickt und lächelt ihn an.) Dann — — dann hat sie mir freilich auch Anderes geschrieben: daß gewisse Sonderbarkeiten Deines Tempe= raments — daß die auch gedeihn; (gezwungener lächelnd) Un= kraut in dem Weizen. Daß dieses ernsthafte Geschöpf, dieses charaktervolle kleine Mädchen da, plötzlich, von Zeit zu Zeit, in die Leidenschaft verfällt, (läßt sie aus seinem Arm) sich zu vermummen, Faschingsnarrheiten zu treiben, mit Andern oder allein: sich mit bunten Lappen und Fähnchen zu behängen, vor den Spiegel zu gehn, sich wie ein Pfau darin zu beäugeln — bis man ihr Alles fortnimmt wie

einem Kind . . . Dann erwacht auch von Zeit zu Zeit
noch ein andrer kleiner Teufel in ihr: der Spielteufel;
(sie blickt ihn an) also noch nicht ausgetrieben! Alles, was
Dir unter die Hände kommt, schreibt Frau Walter — Karten,
Domino, Würfel, Damenbrett, Schach — Alles wird dann
gepackt, ins Versteck geschleppt; und mit derselben zähen,
leidenschaftlichen Ausdauer, mit der Du sonst Deine guten
Eigenschaften ausübst, giebst Du Dich dann diesem Spiel=
teufel hin!

Luise (vor sich nieder blickend). Warum ist das unrecht?
Ist es denn ein Laster, zu spielen? Ist es eine Schlechtig=
keit, wenn man sich vermummt?

Julius. Das sage ich nicht, mein Kind. Aber da
nun einmal dieser Fluch auf unsern Fehlern ruht, daß sie
so wenig, wie wir, im Stande der Kindheit und der Un=
schuld bleiben: daß sie wachsen und wachsen, wenn man sie
nicht ausreutet: daß sie zuletzt wie Schmarotzerpflanzen den
Stamm umschlingen und aussaugen, bis wir nur noch dazu
da sind, für ihr Leben zu leben — (Er seufzt; steht auf.)
Darum sag' ich Dir heute, daß mich das betrübt; mich
erschreckt. Liebes Kind, gieb Acht! Laß diese lieben kleinen
Teufel nicht so wachsen, wie — — (Blickt unwillkürlich nach
dem Hause zu; bricht ab.) Jag sie fort! jag sie fort! (Geht
erregt von ihr hinweg.)

Luise (steht auf. Seufzt, mutblos. Für sich). Mir ist nicht
zu helfen. Was ich von der Mutter habe, gefällt meinem
Vater nicht; und ihr nicht, was von ihm ist. Was
bleibt dann von mir? — So muß ich mich ja auflösen —
in die Elemente — dann haben sie vielleicht ein Kind, wie
es ihnen gefällt!

Sechster Auftritt.
Die Vorigen; Fanny.

Fanny (aus dem Hause). Soeben sagt mir Euer Fried=
rich: Du bist da. Sei willkommen, Schwager! Du Ent=
flohener, Du Einsiedler —

Julius (macht eine etwas ungeduldige, unwirsche Bewegung,

worauf sie verstummt). Guten Abend, Fanny). Ich dachte Nie=
mand von Euch zu stören; — auch verschwind' ich bald
wieder — mein Wagen wartet —

Fanny. Ah! — Nein, nein!

Luise (traurig, für sich). Er flieht wieder . . . Nein,
so bald laß' ich ihn nicht fort! (kindlich lächelnd) Ich verstecke
seinen Mantel und Hut; und bewache sie wie ein Cerberus . . .
Ja, ja! (Nimmt leise Hut und Mantel, während die Beiden mit ein=
ander sprechen, und schleicht nach links ab.)

Fanny. Es wird schon ein Monat sein, daß Du
nicht mehr hier warst —

Julius. Mag sein! (mit Anstrengung) Meine Frau
macht Toilette, wie ich höre —

Fanny. Ja; für das lebende Bild!

Julius (verstört murmelnd). Für das lebende Bild . . .
Wo ist Luise geblieben?

Fanny (deutet hinaus). Dort im Laubgang, scheint
mir. — Ich weiß nicht, ob ich wagen darf, Dich in den
Salon — —

Julius. Bitte, bitte, nein! — Du weißt, meine
liebe Fanny, mir gefällt Eure moderne Gesellschaft nicht —

Fanny (ruhig lächelnd). „Modern!" Ihr modernen Ver=
ächter der Gesellschaft braucht so gern das vernichtende
Wort „modern"! — Nun, antik können wir doch nicht
sein; — und es wär' wohl auch noch sehr die Frage, ob
wir dabei gewönnen. Eure alten Griechen lebten wohl
auch in sehr „gemischter" Gesellschaft: mit all ihren Fabel=
geschöpfen, ihren Faunen, Satyrn, Centauren —

Julius. Fabelgeschöpfe? Nicht doch: tiefsinnige, sym=
bolische, ewig wahre Geschöpfe; ewig wahre Nachbilder der
menschlichen Unnaturen und Thorheiten; Eurer Unnaturen
— ja, ja! Eurer! Ihr seid's, sie kannten Euch alle — Euch
da im Salon!

Fanny (lächelnd). Das ist mir neu. Bitte, erkläre
Dich —

Julius. Centauren, sagtest Du . . . Da in Deinem Salon sind ja gleich so ein paar von ihnen, wie ich höre! Fräulein Jeannette von Lossow, diese reizende Centaurin, die offenbar in ihrer schönen Seele nur zur Hälfte Mensch, zur Hälfte Pferd ist —

Fanny (etwas beleidigt). Ah! Ah!

Julius. Dann der Bankier Ellenberger, dieser Halb=mensch, der sich durch seine Pferde zu ergänzen sucht; — der ist allerdings nur ein nachgemachter Centaur: die beiden Hälften sind künstlich zusammengenäht — wie jene beiden Gaukler, die sich zusammengenäht hatten, um für siamesische Zwillinge zu gelten. Dann schwebt da Frau von Walter herum, diese alte Sirene, die mit ihrer süßen Stimme die Männer zu locken sucht —

Fanny (wider Willen lächelnd). Du bist abscheulich! Pfui! — Und wir alle, sagst Du . . . Also ich? Morland? Deine Frau?

Julius. Ist meine Frau nicht ein weiblicher Pro=teus, wie man ihn nur wünschen kann? Bald macht sie nichts so glücklich, als im feuchten Element zu leben, als Schwimmkünstlerin; oder obendrauf, im Boot, in der Ruder=quadrille; bald klettert sie zu Fuß, in einem graziösen Ko=stüm, auf die hohen Berge, bald jagt sie zu Pferde unten im Wald, als moderne Amazone! Dann überfällt sie die Leidenschaft, vor den „Lampen" zu stehn, als dramatische Künstlerin, oder einen Salon als „lebendes Bild" zu ent=zücken . . . Ist das ein richtiger „Proteus", oder nicht? — Und Morland — dieser gute Morland, den Du so vor=trefflich dressirt hast, das Leben zu genießen — Dein ge=müthlicher, zufriedener Silen —

Fanny. Silen!

Julius. Ja; Silen!

Fanny. Ich sollte eigentlich wüthend sein, daß Du so schauderhafte Sachen sagst; — aber ich muß lachen. Mein guter, guter „Silen" . . . Ja, er ist zufrieden; ja, er genießt das Leben; und das ist die Hauptsache, und das ist mein Verdienst!

Julius (blickt sie an, als wollte er sagen: „An Dir prallt Alles ab . . ." Blickt dann umher, unruhig). Luise kommt nicht wie= der . . . Clotilde macht also noch immer Toilette?

Fanny. Es scheint so.

Julius (mit Anstrengung). Was für ein „lebendes Bild" wird man denn erleben?

Fanny. Wie nur sie es kann; von ihr allein gespielt! Eine ganze Reihe von Bildern, alle in Einem Kostüm; blos durch Veränderungen der Drapirung und der Stel= lung wird sie immer eine Andere: die sitzende Agrippina, die schlafende Ariadne: die Muse Polyhymnia, die Flora: Niobide, die sich zu schützen sucht, stehende Matrone —

Julius. Der wahre Proteus! Bravo! — — Ja, ja, dieser Proteus hat sich gut entwickelt . . . Wenn ich denke, was sie nun schon alles nach einander, neben einander war —

Fanny. Nun, mein Gott, warum gönnst Du ihr das nicht? Wärst Du nur tolerant, wie Du könntest und solltest —

Julius. Wie Dein lieber Mann —

Fanny. Ja, gewiß, wie mein vernünftiger Mann — so wärst Du froh, sehr froh, daß Deine lebhafte und lebenslustige Frau nicht — kokett ist, so wenig wie ich selbst: daß sie nicht an Männer denkt, nur an unschuldige Amüsements; daß sie mit ihren Liebhabereien wechselt, aber nicht mit den Liebhabern — sondern nur einen hat, einen leider nicht sehr beglückenden und beglückten — ihren unduldsamen Gatten!

Julius. Was ich darauf zu erwidern hätte, will ich Dir nicht sagen . . . Dir will ich nur sagen, meine liebe Fanny: Du, in Deiner unerschütterlichen Heiterkeit, Du hast sehr ernsthaft die Schuld! Du hast meine Frau seit Jahren gereizt, verführt, ihre schon beruhigte Proteus= Natur wieder zu entwickeln; Du hetzest sie immer tiefer in diese verhängnißvolle Ruhelosigkeit des Genießens und Glänzens und Begehrens hinein; ja wohl, Du, Fanny Morland! Und ich — —

,Fanny). Und Du?

Julius. Und ich — — ich mache jetzt ein Ende;
sei es, wie es sei!

Siebenter Auftritt.

Fanny (bald ab), **Julius, Clotilde.** (Es dunkelt bald.)

Clotilde (kommt aus dem Hause, in antikem Kostüm, ein Schleier
vom Kopf herunterwallend; zugleich aber ein modernes Tuch lose um die
Schultern gelegt. Sowie sie Julius erblickt, macht sie eine lebhafte
Bewegung ihm entgegen; unterbricht sie dann, legt flüchtig eine Hand
ans Herz und steht bewegungslos da).

Julius (nach einer Weile, mit künstlicher Ruhe). Guten
Abend, Clotilde. (Scheint unsicher, schwankend; tritt dann zu Fanny,
giebt ihr die Hand.) Gute Nacht, Fanny.

Fanny (lächelnd, halblaut). Er schickt mich aus meinem
eigenen Garten fort! (noch leiser) Schon gut; ja, ich gehe. —
Wegen Deiner letzten Reden sollt' ich Dir böse sein; aber
ich bin zu gutmüthig, es gelingt mir nicht. Also — gehab'
Dich wohl: und auf Wiedersehen, wann es Dir beliebt!
(im Vorbeigehen leise zu Clotilde) Bleib fest! (Ab ins Haus.)

Julius (nach einer Pause). Umschweife zu machen, stünde
uns nicht gut; laß mich Dir ohne Weiteres sagen, was zu
sagen ist. Ich dachte Anfangs nur Luisens wegen zu
kommen; oder vielmehr, ich bildete mir's ein; unterwegs
aber bin ich mir darin klar geworden, daß es nun endlich
zur Entscheidung kommen sollte zwischen Dir und mir.
In jedem Menschen bewährt sich seine Natur; (einen tiefen
Schmerz bekämpfend, leidlich gefaßt) die meine erträgt keine Halb=
heit —

Clotilde (fährt etwas zusammen; bezwingt sich). Auch die
meine nicht . . .

Julius. Mag sein. Eben darum denk ich — —
Dieser Monat war unleidlich: immer noch im Warten, ob
es anders werde: ob Deine Abneigung gegen mein Still=
leben und — mich zu einem guten Ende kommen werde . . .
Das ist nicht geschehn; konnte wohl nicht geschehn:
und so hab' ich denn jetzt meinen Entschluß gefaßt: denn

jeder Entschluß ist erträglicher, als die Unentschlossenheit, (mühsam) in der man sich verzehrt. Diesen meinen Ent=
schluß leg' ich Dir also vor. Ich fahre wieder heim, aufs
Land, — und bis Mitternacht wart' ich noch auf Dich.
Bist Du bis dahin nicht gekommen, reis' ich morgen ab.

Clotilde (erschrickt heftig; droht umzusinken. Rafft sich auf).
So reisest Du morgen ab —

Julius. Ja. — Auf lange. — Mit andern Worten:
so machen wir aus einer halben Trennung eine ganze . . .
Ohne Geräusch, natürlich. Wir Zwei unter uns: die Welt
geht es nichts an. (mit hervordringendem Schmerz) Luise kann
und werd' ich Dir nicht nehmen: — aber wir werden uns
so einigen können, daß sie einen Theil des Jahres ihrem
Vater gehört —

Clotilde. Julius!

Julius. Clotilde —?

Clotilde. Befiehl, daß ich mit Dir hinausfahre —
so gehorch' ich!

Julius. Hm —! — Ich will keinen Gehorsam
dieser Art: er hilft uns zu nichts. Was für ein Zusammen=
leben, wenn es ohne Wahrheit, ohne Ueberzeugung, wenn
es dem Widerwillen abgerungen ist? Nein, lieber
Trennung: so weh — — (Bricht ab.)

Clotilde (eine Weile still). Thut's Dir doch noch weh?
(Er schweigt.) Julius! Bist Du ein Anderer geworden oder
ich? Früher gefiel Dir an mir alles, alles das, was
Du jetzt verdammst. Die Lust am Leben, die Lust, mich
in allerlei Gestalten zu bewegen, alle Künste zu können;
meine „Sonntagsstimmung", wie sie damals hieß, mein
Unternehmungsgeist . . . Du warst jung mit mir! Als
Du noch so eifrig Bild auf Bild von mir sammeltest,
Photographien über Photographien, um all meine „Meta=
morphosen" darin festzuhalten, wie Du sie nanntest, wie
Du sie an mir liebtest —

Julius. Verzeih: das ist — lange her. Du warst
jünger als jetzt. Jetzt muß ich fürchten, daß bei Dir

dauernd, ewig wird, was nur der Jugend gut steht;
was Dich nicht mehr schmückt, sondern — (schonend ge=
dämpft) lächerlich macht, wenn es Dich bis ins Alter be=
gleitet! — Aber wie eine Leidenschaft ist es über Dich ge=
kommen — wie es über so manche Frau an der Grenze
der Jugend, in den kritischen Jahren des Ueberganges
kommt: jung bleiben, um jeden Preis, genießen, genießen!
So kam es auch damals — lange Jahre früher — über
Deine Schwester; und sieh sie nun an: die Jugend hat
geendet, aber diese Leidenschaft nicht; sie wird nie mehr
enden, nie mehr, nie mehr, nie mehr! — Ihr Beispiel,
statt Dich abzuschrecken, hat Dich angesteckt: „ewiger Kar=
neval", das ist Eure Parole! — So schau' ich das Leben
nicht an: so will ich nicht leben —

Clotilde. Nein! „Ewiger Aschermittwoch" — so
heißt es bei Dir! Denn Dir ist es leider umgekehrt er=
gangen: vor der Zeit bist Du still, alt und kalt geworden;
menschenmüde, weltscheu, vergraben in Deine Bücher,
Pflanzen und Gedanken — — (Bricht ab.) Verzeih. Ich
hatte mir gelobt, diesen Streit nicht mehr zu erneuern —

Julius. Und ich desgleichen; — vergieb. — Nur
noch Ein Wort laß mich sagen: so festlich, so —
schön, wie Du dastehst, — strahlend und glücklich siehst
Du doch nicht aus. (Sie wendet sich in einer schmerzlichen Be=
wegung ab.) Aber wie solltest Du auch: Du hast zu viel
Geist, (nach hinten deutend) um mit solchen Menschen wirklich
glücklich zu sein; — und auch zu viel Herz! Nur kannst
Du es nicht mehr entbehren, in diesem Taumel zu leben,
der Deinen Ehrgeiz umflimmert, Deine Phantasie berauscht,
— und Dich nicht beglückt . . . Genug! — Mein letztes
Wort habe ich gesagt. Nicht daß ich gehofft hätte, Dich
noch zu bekehren; dazu kenn' ich das Menschenherz zu gut.
Aber — den Versuch war ich Dir und mir noch schuldig.
(in wachsendem Schmerz, da er sie schweigen sieht) Ich hab' nun
mein Kind gesehn — und — und Dich noch einmal —
und nun ist es gut. Heute Mitternacht — Ende; dann
morgen ein neues Leben — jeder für sich!

Clotilde (zuckt zusammen). Wie Du willst —

Julius. Nicht wie ich will —

Clotilde (tonlos). Also wie ich will. Gut. — Gute Nacht. (Sie schwankt, hält sich mühsam aufrecht.)

Julius (einen Schritt auf sie zu). Clotilde!

Clotilde (sich aufrichtend). Was noch?

Julius (tritt wieder zurück. Betrachtet sie wartend. Sie schweigt). Wo ist Luise? Nirgends zu sehn . . . (rafft sich auf) Vielleicht ebenso gut, ich gehe so fort — ohne sie zu sehn. Sag' ihr — — Nein, nein: es ist nichts zu sagen. Ich werde ihr schreiben . . . Also gute Nacht! (Sucht.) Mein Mantel? Mein Hut? Sie lagen doch hier. Ich verstehe nicht. (murmelnd) Ich werde also einen Hut von Morland nehmen; (wie Jemand, der nur noch so fortspricht, weil er nicht enden kann) die Nacht ist mild — nur zwei Meilen — im Wagen. Den Mantel brauche ich nicht —

Clotilde (mit verhaltener Bitterkeit). Du findest ja draußen den andern: den gleichen —

Julius. Ja. — Gewiß. — — Mir war, als wenn ich noch etwas sagen wollte: — ich täusche mich offenbar. (für sich) Sie bleibt stumm . . . (laut) Gute Nacht! (Ab, nach rechts.)

Achter Auftritt.

Clotilde, dann **Morland.** (Der Mond beginnt unsichtbar zu leuchten.)

Clotilde (erst nachdem er fort ist, tonlos). Gute Nacht. (Wankt zu einem Stuhl, sinkt hinein.) Also Abschied. — Bis Mitternacht; dann ist's aus . . . O mein Gott! (Bedeckt sich das Gesicht.)

Morland (tritt vorsichtig aus dem Hause, bleibt nahe an der Thür stehn). Julius ist fort?

Clotilde (fährt auf). Ja.

Morland (verlegen). Ich störe, wie es scheint —

Clotilde. O nein!

Morland. Wenn Du also bereit wärst, meine liebe Clotilde —

Clotilde (wie abwesend). Zu was?

Morland (ein wenig lächelnd). Merkwürdige Frage. Uns als lebendes Bild zu beglücken! Ist die schlafende Ariadne bereit?

Clotilde. Nein.

Morland. Nein?

Clotilde (zieht sich das Tuch fester um die Schultern). Jetzt anfangen? — Ich kann nicht. Ich — (legt eine Hand an den Kopf.) Luft muß ich haben —

Morland. Was giebt's? Was heißt das?

Clotilde. Das heißt, daß Ihr warten müßt: daß ich Dich bitte, zu melden: das lebende Bild hat Kopfweh; das lebende Bild bleibt noch hier im Garten! Habt Ge= duld, Geduld. Bin ich denn nur auf der Welt, Euch zu unterhalten —

Morland. Um Gotteswillen! O nein! Wie bedaur' ich, meine Theure . . . Kopfweh? — Soll ich Erfrischungen holen? Soll ich Dich begleiten?

Clotilde (schüttelt den Kopf). Mich ein wenig in Ruhe lassen — das ist Alles, was ich wünsche. Geh, sag's ihnen . . . Geh!

Morland. Ich gehe; natürlich. In der Hoffnung auf —

Clotilde. Besserung; gewiß! (Bewegung, ihn entlassend.)

Morland (gemüthlich resignirt, für sich). Sie macht's grade wie Fanny. — In diesem Punkt bin ich abgehärtet! (Ab, ins Haus.)

Neunter Auftritt.
Clotilde; dann Luise.

Clotilde (sieht verstört an sich hinunter, um sich her). Was will ich? — Was will ich? — — Ich will tiefer in den Garten gehn — wo mich Niemand sieht . . . (Horcht.) Wer spricht dort? — Ist das mein Kind? (In schmerzlicher Bewegung) sein Kind? — Ja. Sie kommt hierher. Sie spricht laut mit sich selbst. Wie ich: (elegisch lächelnd) Das wenigstens hat sie von mir ... Wovon spricht sie denn? Ist sie denn auch betrübt? Ach, könnt' ich ein wenig hören, ohne daß sie mich sieht — (Tritt halb hinter die Laube.)

Luise (von links; späht umher. Traurig). Ja, ja, ja, er ist fort! Doch fort! (Sie wird stumm; nicht schmerzlich vor sich hin. Geht weiter nach rechts, blickt suchend in die Coulissen: schüttelt den Kopf. Geht langsam, gebeugt zurück.)

Clotilde (für sich). Aber sie spricht nicht mehr —

Luise. Der Mond scheint so hell. Zu hell. (Tritt in die Laube, setzt sich dort auf die Bank, legt sich die Hände vor die Augen.)

Clotilde. Weint sie? — Träumt sie nur? Mond= scheinträume — wie ich —?

Luise (streckt sich auf der Bank aus, die Hände unter dem Kopf). Ach, warum quält Ihr mich; kann ich mich denn auflösen? Kann ich mich zerreißen? Laßt mich doch wie ich bin: bin ich nicht Euer Kind? Was ich von Euch habe, muß beisammen bleiben: Ihr könnt auseinander gehen, ach ja, ich kann's nicht: in meinem armen, engen Kopf müßt Ihr Euch vertragen ... Ja, ja, so ist es! Ihr müßt! (Clotilde, erregt, bleich, tritt leise ein wenig vor; sitzt auf einem Sessel nieder, der neben der Laube steht; horcht.) Hab' ich nicht das alles von Euch mitbekommen auf den Lebensweg, ohne daß Ihr mich fragtet? All' die „Teufel" und Nichtteufel, haben sie nicht in diesem Kopf mit einander gelebt all' die Jahre her? Warum hetzt Ihr sie mir gegen einander auf? (Wirft sich etwas herum. Nach einer Weile) Dich kenn' ich sehr gut, Dich da links in der Ecke: Du bist der „Spielteufel", wie der Vater Dich nennt: Du bist von der Mutter. Bist Du denn so schlimm? Ich hab' immer nur gefunden, daß Du lustig bist ... Ich kann Dich nicht so ohne Weiteres hinausjagen, — aber die Andern auch nicht: also geh' hin und vertrag' Dich! Geh' hinüber zu dem Andern da, zum Ordnungsteufel, den die Mutter nicht mag: halt' nur Frieden mit ihm, dann seid Ihr wohl auch Beide nicht so schlecht, wie sie von Euch sagen! — Du bist der kleine Trotzteufel, der Raisonnirer, der „Hm" sagt; Dich mag sie auch nicht. Ja, mit Dir muß es wohl auch besser werden: Dich werd' ich mit dem Bösewicht, dem Verkleidungsteufel, in die Ecke stellen, bis Ihr besser werdet. Aber da steht und vertragt Euch; ich hab' Euch von Vater und Mutter, Ihr müßt Frieden halten: wenn Ihr alle auseinander geht, kann ich nicht mehr leben!

Clotilde (erschüttert, für sich). Großer Gott! wie das Kind phantasirt. — Als hörte ich mich selbst: wenn ich als Mädchen, im Kummer über meine uneinigen Eltern, in halbem Fieber, in närrischen Phantasien —

Luise. Ach! wie der Mond durch die Blätter scheint. Jetzt fährt der Vater nach Hause . . . Allein. Niemand fährt mit ihm. Da hinten im Saal machen sie nun wohl Musik, zu den „lebenden Bildern" . . . Vater! Mutter! Ich bin auch nicht glücklich! (Beginnt leise zu weinen.)

Clotilde (steht auf). Sie weint!

Luise (richtet sich halb empor, horcht). Was bewegt sich da? (Steht geängstigt auf.) Was ist das? — Ich traue mich nicht hinaus. (laut) Wer ist da?

Clotilde (ist leise ein paar Schritte zurückgetreten). Ich bin's.

Luise (tritt aus der Laube hervor). Du? (noch verwirrt) Wo= her kommst Du, Mutter?

Clotilde (sich fassend). Ich? Aus dem Hause, Kind. — Mein Kopf ist nicht gut. — Oh! Bedaure mich nicht. (Luisens Arm fassend) Laß mich nur hier, bei Dir — —!

Luise (befangen). Verzeih, Mutter —

Clotilde. Was?

Luise. Ich war hier, im Mondschein; ich hab's versäumt, Dich da drinnen mit anzuschauen —

Clotilde. Du hast nichts versäumt. Das „lebende Bild", siehst Du, ist noch hier; (sucht zu lächeln) noch hat es Niemand gesehn! — Und eben jetzt schaust Du mich ja an: (heimlich bewegt) ganz mit des Vaters Blick . . .

Luise (wirft sich ihr plötzlich an die Brust). Verzeih: ich kann nichts dafür!

Clotilde (erschüttert, eine Weile stumm). Kind! Was sprichst Du da? Ich versteh' Dich nicht. Wie können Dir solche Worte, solche Gedanken kommen . . . (drückt sie heftig an sich) Ich hab' Dich ja über Alles lieb, närrisches Kind; so, so, wie Du bist, ganz, wie Du bist! (ihren Kopf mit beiden Händen fassend, streichelnd, dann küssend) Dieser arme Kopf — mit Allem, was in ihm ist — laß' ihn so, Luise; er soll Frieden haben — (Luise starrt sie betroffen an; Clotilde sucht sich zu fassen). Wenn ich Dir vorhin weh' gethan hätte, mein' ich — als ich hier stand und schalt . . . Ich hab' Dich lieb, wie Du bist!

Luise (sich an sie schmiegend, lächelnd). O, wie thut das wohl. (Die Augen schließend, leise.) Daß Du mir das jetzt sagst — grade jetzt, jetzt — o wie thut das wohl. Wenn Du wüßtest, Mutter . . . Laß mich noch eine Weile so —

Clotilde (sie fest im Arm haltend). Ja, ja, ja; so ist's gut. (Für sich, sie betrachtend.) Ja, wie sie ihm gleicht; und doch ein Mädchengesicht . . . Wunderbare Welt! — Und ihre traurigen Mondscheinphantasien — darin mein, mein Kind . . . (drückt sie fester an sich, küßt sie auf's Haar) Ja, doch auch mein Kind! (weich) Eine gute Mischung —

Luise (nimmt Clotildens Hand, küßt sie. Leise). Soll ich wieder fort?

Clotilde. Nein, nein! (für sich) Ach, so eine gute Mischung sollte auch die Ehe sein: Frieden und Eintracht (auf Luisens Kopf deutend) wie da drinnen . . . . (Läßt sie plötzlich los.) Vorbei! Vorbei! Ach, es kommt nicht wieder!

Zehnter Auftritt.

Die Vorigen; Morland, Fanny, Jeannette, Marwitz, Ellenberger, Hans, Herren und Damen.

Morland (ist mit den Andern aus dem Hause gekommen, vor den letzten Worten. Vom Wein etwas angeheitert). Lebendes Bild im Mondschein: Mutter und Kind!

Ellenberger. Wir hielten es nicht länger aus, gnädige Frau: da das „Bild" noch immer nicht kommt, so gehn wir zum Bild!

Fanny. Wir mußten sehen, hören . . . Wie geht's?

Clotilde. Danke; besser, besser.

Fanny (heiter). Ich glaube wahrhaftig, ich habe zu viel Bowle getrunken!

Luise (unwillkürlich). Hm —!

Clotilde (die während dieser Szene Luise fast immer mit zärtlichen Augen verfolgt, — für sich). Wieder dieses „Hm"; das väterliche . . . Aber es steht ihr gut! (Hans steht bei Clotilden, macht ihr geheimnißvolle Zeichen.) Was giebt's?

Hans (leise). Diesmal, Tante, war ich zu rasch im Urtheil. Ich nehm' es zurück. (mit den Augen auf Jeannette deutend) Ein ganz famoses Geschöpf!

Clotilde. Ah!

Hans. Und gegen mich sehr liebenswürdig; aber schon sehr! Beim nächsten Rennen, dem Schlußmeeting — ein Flachrennen, ein Hürdenrennen und drei Steeple-chases — soll ich Stronzian mit ihr in ihrer Loge bewundern. Morlands und ich . . . Ich werde kommen, lebend oder sterbend!

Jeannette (kommt vorbei, hat die letzten Worte gehört; lächelnd). Sie sprechen von Stronzian?

Hans (galant). Nein, von Ihnen, mein Fräulein! — Glauben Sie mir — — (Geht eifrig sprechend mit ihr weiter, nach hinten zu.)

Fanny (rechts am Tisch, zu Ellenberger, leise, mit einem Blick auf Hans). Nehmen Sie sich vor Dem da in Acht! Der ist rabbiat; der heirathet Ihnen die Jeannette vor der Nase weg!

Ellenberger (leise). Dieser junge Faut?

Fanny. Lieber Ellenberger, die Jugend ist nicht die schlechteste Eigenschaft eines jungen Mannes! (Ellenberger, mit saurem Lächeln, will etwas erwidern; geht stumm zu Jeannetten. Fanny blickt ihm nach; dann zu Marwitz, Morland und einer Dame, die zu ihr an den Tisch treten, leise) Wie allerliebst diese kluge Jeannette die Beiden da magnetisirt! Sie will einen Mann haben; (allmälig, sich vergessend, lauter) Beide haben Geld,

3

der Eine auch hübsche Pferde, der Andre ist selber hübsch; für wen wird sie sich entscheiden?

Morland (leise.) Um Gottes Willen, sprich doch nicht so laut! — Die Bowle! (Fanny lächelt.) Sie nimmt Ellen=berger —

Fanny (leise.) Ich wette dagegen, auf Hans . . . (ausgelassen) Wetten wir! (Zieht ihr kleines Wettbuch aus Mor= lands Brusttasche, reißt ein Blatt heraus, nimmt ihren Bleistift.) Ich setze fünfhundert Mark auf Hans, daß er früher an= kommt; wer hält gegen mich?

Luise (steht jetzt rückwärts von Fanny, im Vordergrunde, hat Einiges gehört; für sich, das Gesicht unwillig verziehend). Hm!

Clotilde (gegenüber, vorne links, wo sie sich gesetzt hat; für sich). Was „hm" sie?

Morland (halblaut). Du kannst ja im Mondschein nicht lesen —

Fanny (setzt sich). Aber schreiben kann ich. — Hans hat Race; und hat gut gestartet. Wer hält gegen mich, auf Ellenberger?

Morland. Ich!

Marwitz (lächelnd). Und ich!

Fanny (schreibt). Fanny Morland, fünfhundert Mark auf Hans von Hochfeld; Handicap=Steeplechase; Ziel: Jeannette von Lossow. Herr von Marwitz fünfhundert Mark auf Bankier Ellenberger . . . (Schreibt weiter, mur= melnd.)

Hans (mit Jeannette und Ellenberger nach vorn kommend). Ich muß leider fort!

Jeannette (bedauernd). Ah!

Hans (seufzt). Mein Pferd ist gesattelt, und die elende Pflicht ruft!

Luise (tritt zu ihm). Du mußt fort? Zu meinem Vater?

Hans. Ja.

Luise. Bitte, warte noch einen Augenblick! (Geht nach hinten, ins Haus.)

Jeannette (zu Hans). Sie reiten doch gern?

Hans. O gewiß!

Jeannette. Ich finde alles Andre fad; nur zu Pferde ist man ein Mensch! Tanzen? Es ist so lächer= lich, wenn man sich herumdreht (Hans nickt); und Schlitt= schuhlaufen, find ich, ist Cichorie! — — Wollen Sie mit mir reiten, Herr von Hochfeld?

Hans. Ob ich will! Bis ans mittelländische Meer!

Fanny (leise). Seht, wie sie den Hans avanciren läßt; seht Ellenbergers Gesicht. Ich wette noch fünfhundert auf Hans!

Marwitz. Aber er behält nicht die Führung —

Morland (geringschätzig). Ein Outsider —

Fanny. Wer hält Ellenberger? (Marwitz deutet auf sich.) Gut! (Sie schreibt.)

Hans (geht zu Clotilde hinüber). Also gute Nacht, (halblaut) Tante aller Tanten!

Clotilde (leise). Armer Junge! Es scheint, Du bist schon wieder rettungslos verliebt —

Hans (nicht lächelud). Rettungslos!

Luise (ist inzwischen zurückgekommen, ein eingewickeltes, großes und dickes Buch in der Hand; faßt Hans am Arm, zieht ihn ganz nach vorn. Leise). Gieb das meinem Vater, Hans, sobald Du ihn siehst. Willst Du?

Hans. Mit Vergnügen! — Was ist drin?

Luise. Nicht neugierig sein. Adieu!

Hans. Gute Nacht! (Geht; bleibt vor Jeannette noch stehn.) O mein Fräulein — — (Bricht ab; sieht, daß Alle ihn anschauen. Macht ihr eine verlegene, tiefe, feierliche Verbeugung; dann stürzt er davon, ins Haus.)

Clotilde (für sich). Was hat sie ihm gegeben, das stille, ernsthafte Geschöpf? — — Ach, Du holdes Jugend= bild des Vaters ... Warum blickt sie mich so auffordernd

3*

au, und dann auf den Tisch? (Geht nach rechts hinüber.)
Was habt Ihr da? Was schreibst Du?

Fanny (leise). Kind, ein kleiner Spaß! Wir wetten
auf Ellenberger und Hänschen: wen wird sie erhören?
Tausend Mark auf Hänschen —

Clotilde (empört, leise). Das ist ein schlechter Spaß,
meine theure Fanny. (Reißt ihr das Blättchen fort, steckt es in die
Tasche.) Ihr macht die Pferde zu Menschen, jetzt wollt Ihr
auch die Menschen zu Pferden machen; — der Karneval
wird mir zu toll!

Fanny (ist eine Weile stumm wie die Andern, die Clotilde
bestürzt und erstaunt betrachten. Für sich). Was ist mit ihr ge=
schehn? Warum so empört?

Morland (noch verlegen, leise). Clotilde hat Recht! Es
ist eine Frivolität! (da Ellenberger und Jeannette sich nähern,
rasch, laut) Also nun das lebende Bild? Meine theure
Schwägerin, dürfen wir nun hoffen?

Clotilde. Auf mich? (für sich) Wie das Kind mich
ansieht; — wie Julius; als wollte sie sagen: thu's nicht!
(laut, die Worte suchend) Ich bitte noch um eine kleine, kleine
Weile Geduld! Die Herren und Damen gehn wieder in
den Saal; unterdessen erhol' ich mich — befrag' ich mich —

Morland. Das sei fern von uns, daß wir Dich
bedrängen. (zu den Andern) Also Rückkehr zur Musik, wenn
ich bitten darf! Rückkehr zur Musik!

Marwitz (zu Clotilde, lächelnd). Gehorsam ist des Christen
Schmuck ... (Sie gehn.)

Jeannette (geht auch; kommt zurück). Ich habe ein neues
Verdienst an Ihnen entdeckt, angebetete Frau —

Clotilde. Nämlich?

Jeannette (lächelnd). Ihren Neffen Hans!
(Eilt den Andern nach. — Luise geht unterdessen still nach links hinaus.)

Elfter Auftritt.
Clotilde, dann Luise.

Clotilde. Den werd' ich vor Ihnen zu schützen suchen, meine liebe Jeannette ... Wohin geht Luise? (Setzt sich, neben der Laube.) Was will sie? — Ach, und ich — — was geht alles in mir vor? Ich weiß nicht mehr, was ich will — weiß nicht, was ich nicht will; und uns Herz wird mir so bange, als wollt' ich ein Verbrechen begehn; (unruhig) oder als versäumt' ich etwas — mein Lebens= glück ... (Steht auf.) Was ist das?

Luise (kommt zurück, Julius' Mantel umgehängt, seinen Hut auf dem Kopf; mit scheinbar harmlosem Gesicht. Etwas unsicher). Das ist — sein Mantel und Hut. Er hat's hier gelassen —

Clotilde. Ja; er suchte es. Wo war's? (Luise lächelt.) Hattest Du's versteckt? (Sie nickt ernsthaft.) Warum?

Luise. Weil — — Ich wollt' ihn nicht fortlassen ... (Bricht ab.)

Clotilde. Hm!

Luise (mit erkünsteltem Lächeln). Jetzt machst Du „Hm"; Du!

Clotilde. Kind, wie siehst Du aus? Wie wunderbar diese Vermummung Dir steht. (Eine Weile stumm, sie anstarrend.) Wie Du dem Vater gleich siehst — als er jung war — (Luise will's ablegen.) Nein, nein, bleib noch so! Ich muß Dich noch eine Weile so anschauen; im Mondlicht: (ihre wachsende Bewegung zurückhaltend) wie ein rechtes Märchenbild stehst Du vor mir da! (für sich) Und immer ist mir, als müßt' ich ihr um den Hals fallen ... (laut) Geh, geh; tritt ein wenig zurück. Daß Du etwas undeutlicher wirst — und ähn= licher ... Was für eine Idee, so zu mir zu kommen! Ich fange an, zu träumen, zu phantasiren, wenn ich Dich so sehe; (bekommen) ich denke, jetzt wird sie das oder das thun, was der Vater that ... (Luise lächelt, nimmt eine den= kende, sinnende Stellung an, eine Hand am Kopf.) Richtig! Sie thut's. Wie Du ihm das abgelauscht hast, wenn er so dasteht und in seine Gedanken versinkt. — Sonderbares

Kind! — — Wohin? (Luise, lächelnd, tritt zu einem der Gebüsche, wie mit Julius' Gang; betrachtet es aufmerksam, liebevoll.) Was willst Du?

Luise. So steht er Morgens im Garten; vor den Pflanzen. Stellt sich hin, zu sehn, was über Nacht geworden und gewachsen ist —

Clotilde. Ja, ja, ja. Und pflegt sie —

Luise. Nimmt hier eine Raupe ab — und dort eine — (Spielt, als thue sie's.) Und dann bindet er mit furchtbar ernstem Gesicht diese Ranke fest, die so haltlos und zwecklos in der Welt herumirrt — (Thut so.)

Clotilde (erregt lächelnd). Ja, ja. (Setzt sich.) Wie Du ihn spielst!

Luise (kindlich lächelnd). Das hab' ich von meiner Mutter; das ist Künstlerblut. — Die Mutter in mir spielt den Vater in mir —

Clotilde. Meinst Du? (bewegt) Wie märchenhaft, wie wunderbar das ist. — Spiel' ihn weiter, Kind! Geh: laß ihn auch reden, Kind. Oder kannst Du das nicht —

Luise. Doch, Mutter; ich kann's! (Zögert, blickt Clotilde an. Endlich, Muth gewinnend) Er ist auf dem Lande —

Clotilde. Ja —

Luise. Ist im Garten; allein ... (Clotilde nickt, beklommen. Luise beginnt zu spielen, anfangs ungeschickt, allmälig muthiger, freier. Sie blickt umher, als suchte sie Jemand; seufzt; endlich ruft sie, wie mit Julius' Stimme) Luise! — — Ja so. Luise ist nicht hier. Die ist in der Stadt. — Warum kommt meine Luise nicht zu ihrem Vater? Hat sie ihn denn nicht lieb, sehnt sie sich nicht nach ihm? — Doch; was sag' ich da. Gewiß hat sie ihn lieb; sehnt sich auch nach ihm. Aber sie muß ja in der Stadt bei der Mutter bleiben — (Plötzliche Bewegung Clotildens. Luise erschrickt etwas; verstummt.)

Clotilde (nach einer Weile, mühsam). Nein — spiel' nur weiter, Kind! — „Sie muß bei der Mutter bleiben" —

Luise (zögernd, ohne sie anzublicken). Ja, ja ... Mutter und Kind, wo mögen sie nun sein? Im Saal, bei der

Muſik? Oder ſind ſie auch noch im Garten, im Mondſchein, — und denken ein wenig an mich? (mit leiſe zitternder Stimme) Iſt ihnen traurig zu Muth, daß ſie nicht bei mir ſind? Haben ſie doch auch etwas Kummer, wie ich? (wie horchend) Was iſt das? Ein Wagen rollt auf den Hof. Ich hör's, wie die Hufe ſtampfen. (glücklich) Mein Gott! Könnten ſie das ſein? — (laut) Clotilde! Luiſe! (enttäuſcht, die Stimme ſinken laſſend) Jetzt hör' ich's. Kein Wagen; nur ein Reiter. Nur Hans. Niemand als mein guter dummer Hans . . . (wie zu einem Eintretenden, reſignirt) Guten Abend, Hans! (ſeufzend) Und gute Nacht!

Clotilde (legt ſich im Seſſel zurück, legt ſich die Hände vor's Geſicht).

Luiſe (wendet ſich erſt nach einer Weile zu ihr; erſchrickt. Nach neuem Schweigen, mühſam). Mutter, verzeih! — Es kam mir ſo. (Nimmt den Hut ab, wirft ihn auf einen Stuhl.) Ich war kindiſch . . . Ich will nicht wieder ſo reden —

Clotilde (weint leiſe vor ſich hin). Nein, nein, nein. Es war gut. Laß nur . . . O laß nur . . . Komm zu mir, Kind. Ach komm zu mir. (Luiſe tritt zu ihr; Clotilde ſteht auf, umſchlingt ſie, küßt ſie, leidenſchaftlich.) Luiſe! Mein Kind! Du mein einziges — — meiner Jugend Kind! meiner Liebe Kind!

Zwölfter Auftritt.
Die Vorigen; Friedrich.

Friedrich (aus dem Hauſe; bleibt in einiger Entfernung ſtehn. Wartet, bis Clotilde, Luiſe noch im Arm haltend, langſam den Kopf nach ihm wendet; dann, mit ſehr gedämpfter Stimme). Wollte mir nur erlauben, zu fragen, ob meine gnädige Frau, in ihrem Unwohlſein, meine Dienſte wünſchen —

Clotilde (wie erwachend, langſam). Mein guter Friedrich . . . (zu Luiſe) Was hat er geſagt?

Luiſe (bedeutet Friedrich, zu warten; er bleibt ruhig ſtehn). Nichts, Mutter. Er fragte nur —

Clotilde. Wie es mir geht — (Luiſe nickt. Clotilde, voll Bewegung lächelnd) Beſſer, beſſer, Friedrich. — Viel, viel beffer ... (Tritt von Luise hinweg; starrt vor sich hin; nickt endlich mehrere Male, wie in einem werdenden Entschluß. Blickt zum Himmel auf. Lächelt. Wendet sich langsam wieder zu Luise.) Wie spät ist es?

Luise (sieht nach der Uhr). Neun Uhr.

Clotilde. Neun Uhr ... (Blickt an sich hinunter; dann auf Julius' Mantel, den Luise noch trägt.) Ich — ich will — — (nach links hinausdeutend) Ob die Gartenthür an der Land= straße wohl noch offen ist?

Luise. Gewiß!

Clotilde (mechanisch wiederholend). Gewiß. — Laß ein= mal mich den Mantel — — (Nimmt ihn Luisen ab, hängt ihn sich selber um, wickelt sich hinein. Wirft dann den Schleier ab, nimmt den Hut vom Stuhl, setzt ihn sich auf. Halblaut, leise lächelnd) Braun: — man könnte darin aussehn wie eine Pilgerin. — Pilgerin auf der Bußfahrt: (vor sich hin) die nicht ruht, bis sie ihr frommes Ziel — — (Bricht ab.) Willst Du mit= gehn, Kind? Willst Du mich begleiten?

Luise (noch ungewiß, ob sie begreift). Gewiß!

Clotilde (halblaut). Aber weit, weit! (auf den Mond deutend) In der hellen Nacht —

Luise (begreift; lächelt glückselig; legt eine Hand ans Herz). Ja, Mutter. (Für sich.) O mein Gott!

Clotilde. So komm!

Luise. Ja, Mutter; sogleich! (zu Friedrich, leise, rasch) Sie gehen mit uns, Friedrich; uns nach! — Ihren Hut — und meinen — und Mantel —

Friedrich (leise, nach rechts deutend). Liegt dort!

Luise (leise). Holen Sie —! (Friedrich leise nach rechts hinaus. Luise tritt zu Clotilde.) Und die da drinnen?

Clotilde. Mögen weiter wetten. Ich hab' einen weiten Weg ... Ich mit meinem Kind! (Luise nickt; winkt noch nach rechts hinaus. Sie gehen, nach links.)

Der Vorhang fällt.

Zweiter Aufzug.

Auf dem Lande; Julius' Arbeitszimmer. Stimmungsvoll behaglich ein-
gerichteter Raum, mit vielen Büchern, Jagdtrophäen, Bildern, großen
blühenden Pflanzen. (Ein großer Arbeitstisch, mit Papieren, Zeitungen
und Büchern bedeckt, im Vordergrunde, mehr nach rechts. Links ein
Fenster, durch lange, dunkle Vorhänge verdeckt. Thüren zu beiden
Seiten; hinten eine Glasthür, die in den mondbeleuchteten Garten
führt. Rechts von dieser Thür, auf niedrigem, etwa fußhohem, breitem
Postament, eine lebensgroße, etwas vergilbte Gipsstatue der Flora;
links von der Thür ein gleiches Postament, auf dem die Statue fehlt.
(Eine Lampe brennt auf dem Arbeitstisch.

Erster Auftritt.

Hans; dann Julius.

Hans (kommt von links, im Hausrock, das eingewickelte große
Buch in der Hand). Onkel Julius noch nicht da? (Geht ans
Fenster, hebt die Vorhänge.) Draußen seh' ich ihn auch nicht.
(Läßt sie wieder fallen; geht nach hinten zur Glasthür.) Ja, da
geht er im Garten. Die Hände auf dem Rücken; den Kopf
gesenkt. Nachts um halb zwölf irrt er noch umher! (Schüttelt,
sich wundernd, den Kopf. Kommt nach vorne.) Wenn er noch verliebt wäre, wie ich . . . Ich will ihm wenigstens das
Buch von Luise auf den Schreibtisch legen; — zwei Meilen
hab' ich mit dem Ungeheuer reiten müssen. (Blickt umher.)
Furchtbare Einsamkeit hier! Keine Musik, keine Parfums,
keine Toiletten, keine blitzenden Augen. — Fräulein Jeannette von Lossow hat die merkwürdigsten, unternehmendsten
Augen, die — —. Manchmal sah sie mich an, daß ich
— — Nur das muß ich sagen: etwas in mir bäumt sich
doch gegen sie auf. Ich bin nicht unbescheiden; aber wenn
sie zum Beispiel meine Frau würde und mir dann eines
Tages gestünde: ich hab' Almansor doch noch lieber als
Dich — (sich aufregend) diesem Almansor schöss' ich eine Kugel
vor den Kopf!

Julius (tritt hinten ein, düster in sich versunken, ohne Hans zu
sehn. Nimmt Hut und Mantel ab — ganz denen gleich, die er in der

Stadt zurückließ — und legt sie im Vorbeigehn der Statue der Flora
auf Kopf und Schultern. Kommt nach vorn). Ah!

Hans. Guten Abend, Onkel Julius.

Julius. Guten Abend, Hans. (für sich, mit etwas
bitterem Lächeln) Der kommt immer wieder. (laut) Du
noch auf?

Hans. Ich — — ich war noch so aufgeregt. Könnte
doch noch nicht schlafen —

Julius. Du warst im Salon bei Morlands?

Hans. Ja, auch; eine Zeit lang; nachdem ich alle
Geschäfte besorgt hatte. (zögernd) Ich hab' auch dieses
merkwürdige junge Mädchen, Fräulein von Lossow, kennen
gelernt —

Julius. Ah! Die Centaurin!

Hans. Centaurin?

Julius. Ja. Dieses junge Weibchen mit dem Pferde=
herzen. (Geht zum Fenster.)

Hans (etwas verwirrt, für sich). Er drückt sich immer
merkwürdig abkühlend aus; wie ein Regenbad! (laut) Ich
finde sie aber jedenfalls sehr interessant —

Julius (lächelt. So? Sehr interessant? Daß sie
immer von Pferden spricht? (Setzt sich, am Fenster.)

Hans (unsicherer). Aber wie sie davon spricht . . .
Und dazu ihre frische, herzliche Art; ihre Natürlichkeit —

Julius (blickt ihn stumm an. Dann für sich murmelnd).
Alle Weisheit aller klugen Menschen kann die Dummen
nicht hindern, dumm zu sein!

Hans. Sagtest Du etwas?

Julius. Nur so etwas für mich.

Hans (für sich). Centaurin!

Julius (mit Anstrengung, zögernd). Nun? Und Du
warst auch so glücklich, die — lebenden Bilder zu sehn?

Hans. Ich nicht. Tante Clotilde ließ sich entschul=
digen, weil sie Kopfweh hatte (Julius blickt auf). Wir fanden

sie dann im Garten; sie sah aus wie eine Statue des —
des — — (lächelnd) des Kopfwehs —

Julius (murmelnd). Wirklich!

Hans. Es ging aber vorüber ... A propos Statue:
(nach dem leeren Postament blickend) da fehlt also noch immer
die zweite Statue, Onkel Julius. Es sieht niederträchtig
unsymmetrisch aus. Willst Du sie nicht kommen lassen?

Julius. Die Fortuna?

Hans. Ja.

Julius. Nein. — Laß es nur so aussehn — wie
es ist. (Steht auf.) Ich werd' es übrigens nicht lange mehr
sehn. Ich reise ab.

Hans. Du reisest ab?

Julius. Ja. (Geht durch's Zimmer.) Eine längere Reise.
Schottland; Norwegen —

Hans (zaudernd). Allein?

Julius. Ja ... Geh zu Bett. Es ist spät, Du
bist für einen Landmann schon viel zu lange auf; morgen
wieder früh heraus —

Hans (heiter). Ich schlafe schnell!

Julius. Ja, ja. Aber gute Nacht!

Hans. Wie der Herr Onkel befehlen. (Giebt ihm die
Hand.) Gute Nacht! (Ab nach rechts.)

Zweiter Auftritt.
Julius; dann Hans.

Julius. „Allein!" Ja, allein. — Reisen, reisen ...
Vielleicht ist es mir gut. Vielleicht verjüngt es mich; (gepreßt) denn sie hat wohl nicht Unrecht, ich fühl's: ich bin
wirklich älter, als ich sollte. Die wahre Lust am Leben,
die ist mir entfallen ... (Leises Klavierspiel hinter der Szene,
rechts.) Was ist das? Hans am Klavier? Ging er denn
in den Salon, statt (nach links blickend) nach seinem Zimmer?
— Der glückliche dumme Junge findet noch nicht zu Bett.

Offenbar wieder einmal verliebt! Der Waldmensch in die Centaurin! (Sitzt am Schreibtisch nieder, stützt den Kopf in die Hand.) Wär' wenigstens Luise bei mir, — das würde mich ver=jüngen. Mit ihr in die Welt hineinschauen; ihren frischen Augen folgen, wohin sie gehn; mit ihr wieder neu staunen lernen über Alles ... (schmerzlich) Sie bleibt bei der Mutter. (Sieht das Buch, nimmt es in die Hand.) „An meinen lieben Vater". Von Luisens Hand. Wie kommt das hierher? (Steht auf, geht nach rechts, öffnet die Thür.) Hans! (Das Klavier= spiel hört auf.)

Hans (noch draußen). Zu Befehl! (Tritt ein. Gemüth= lich lächelnd) Bitte um Vergebung. Ich wollte mir nur noch so ein Schlummerlied aufspielen —

Julius (wieder am Schreibtisch). Hast Du das gebracht?

Hans. Ja. Cousine Luise schickt es.

Julius (wickelt das Buch heraus; ein Album für Photogra= phien wird sichtbar. Befremdet). Das alte Buch mit — mit den Photographien meiner Frau. — Das schickt mir Luise?

Hans. Ja.

Julius. Warum?

Hans. Ich weiß es nicht. Sie gab es mir: damit Basta.

Julius (öffnet es, durchblättert es). Ich verstehe nicht. — Vielleicht hat sie sich vergriffen: mir fehlte ein anderes Buch, das ich in der Stadt gelassen hatte — das Friedrich mir schicken sollte —

Hans (über Julius' Schulter in das Album blickend). So wird es wohl sein. — Schöne Photographien! — — Wenn Dir's kein Opfer ist, Onkel Julius, könntest Du mir eine davon geben: Tante Clotilde ist in meiner Schuld. Die einzige Photographie, die ich von ihr hatte, mußt' ich heute hergeben, sie verschenkte sie weiter —

Julius (zerstreut). Gut. So nimm eine.

Hans. Darf ich wählen?

Julius. Ja.

Hans. Die da ist ausgezeichnet: die im Bergwan=
derer=Kostüm. Darf ich sie haben?

Julius (nickt; zieht sie aus dem Album heraus. Hält sie
Hansen hin; betrachtet sie noch). Etwas verblaßt; aber ein gutes
Bild. Das ließ ich in der Schweiz machen — es ist lange
her — als wir noch zusammen auf die Berge stiegen,
meine Frau und ich; (mit langsam aufsteigender Wehmuth lächelnd)
ja, ja; als wir jung waren ... (Betrachtet es aufmerksamer;
murmelnd) Ein gutes Bild. Ganz das unternehmende, feu=
rige Gesicht; die elastische, aufstrebende Gestalt ... Vier
Wochen wanderten wir damals in den Bergen herum.
Diesen Alpenstock, (lächelnd) den sie so kriegerisch in der Hand
hält, wie die Jungfrau von Orleans ihre Fahne, — den
verlor sie den Tag darauf; er rollte in den Abgrund. Bei
einem Haar rollte sie ihm nach. (bewegt) Wähl' Dir ein
andres Bild. Dies da — — zur Erinnerung sollt' ich
es behalten. Das ganze Album ist voll; also die Wahl
ist groß!

    Hans (blätternd). Ich glaube, das gefiele mir am
besten; im Reitkleid.

    Julius. Also nimm's! (Will es herausziehen; beschaut es.)
Damals lernte sie reiten; denn als junges Mädchen kam
sie nicht auf's Pferd, ihre ängstliche Mutter hatt' es nicht
gelitten. Sie lächelt auf dem Bild: vor Glück ... (vor
sich hin murmelnd) Ein kindlich triumphirendes Lächeln. Ja,
ja, sie war selig, nun so hoch zu Roß mit mir dahinzu=
sprengen ... (mehr zu Hans) Das Bild ist nicht gut; zu
wenig Form im Gesicht; — aber ich — wenn ich's an=
sehe, wird es mir lebendig: ich sehe die Wangen glühen
und die Augen leuchten. — — Diese Reiterin, Hans, geb'
ich doch nicht her. Such' Dir eine Andre: (lächelnd) von
der Infanterie!

    Hans. Da ist Eine, die sitzt und liest. Die find'
ich vortrefflich.

    Julius. Findest Du? (sie betrachtend) Der wahre
Gegensatz zu der Reiterin: so ernsthaft still, wie man nur
sein kann: träumend; weltvergessen. (In heimlicher Bewegung.)

Des Gegensatzes wegen sollt' ich das Bild eigentlich be=
halten: — aber nimm es hin! (Er zieht es heraus, hält es
hin; Hans streckt die Hand danach aus.) Einen Augenblick . . .
(Schaut es wieder an.) Als das Bild gemacht wurde, hatte
sie zum ersten Mal Lord Byrons Manfred gelesen: (vor
sich hin) ich fand sie, als sie so ergriffen, in das Buch ver=
sunken dasaß; mit einem so fremden, räthselhaften Gesicht.
Könnt' ich das festhalten, dacht' ich. Und so entstand diese
Photographie . . . (Von Hans abgewandt, ergriffen, für sich.)
Ja, ja, eine merkwürdige Frau. Viele, viele Geister in
der einen Seele: — ein Proteus: — aber ach — —!
(Versinkt in sich.)

Hans (schüchtern). Also — behalte ich dieses Bild?

Julius (rafft sich auf; lächelnd). Du hast es ja noch
nicht. (Blickt ihn stumm an; steckt es dann wieder an seinen Platz.)
Ich kann Dir's nicht geben. Es hängt etwas daran: eine
Erinnerung, mein' ich. Nimm irgend ein anderes, das
mir nichts bedeutet —

Hans. Gieb mir, welches Du willst!

Julius. Also dieses da. Im antiken Kostüm; mit
Schleier und Diadem; (in verhalten peinlichem Gefühl) als
„lebendes Bild". Aus der Zeit, als sie anfing, die Statuen
aus dem Alterthum zu spielen, in Drapirungen und
Stellungen zu glänzen — — (für sich) bis es nun damit
endet, daß Centauren und Silene ihr dort Beifall klatschen,
während ich hier im Mondschein durch den Garten irre . . .
(Erbittert.) Weg mit diesem Bild! (Will es herausziehen, blickt
es noch einmal an.) O, sie weiß, warum: denn es steht ihr
gut! Es macht sie vornehm und edel; es legt gleichsam den
Finger auf die Poesie ihrer Gestalt, giebt ihren Augen
Stimme . . . (Er läßt das Album auf den Tisch fallen.) Diese
Bilder machen mich verrückt. (laut) Hast Du endlich gewählt?

Hans. Du wolltest ja für mich wählen —

Julius. Wollt' ich das? — Gut!

Hans (das Buch ergreifend). Soll ich die da nehmen?

Julius (zieht es ihm mit einer plötzlichen Bewegung aus der
Hand). Nein, nein, nein. Die nicht; (die Worte suchend) um

des Kostüms willen muß ich sie behalten. In diesem Kostüm ist sie eine Andere; — und diese Andere ergänzt sie; — und aus all den Ergänzungen wird ja erst der ganze Mensch. Wenn ich ein Blatt herausreiße, ist das Buch verstümmelt — (Sieht in Hans' verwundertes Gesicht, bricht gleichsam verlegen ab.) Hans. Verzeih; daran dacht' ich nicht. (treuherzig) Dann verzicht' ich, Onkel —

Julius. Warte; wir finden vielleicht — — (Blättert langsam weiter, während Hans zurücktritt.) Im Ballkleid; — nichts für Dich. Auf einer Rasenbank liegend, träumend — (hinausdeutend) hier in unserem Garten ... (Schüttelt den Kopf; schlägt um.) Ah! Im Morgenkleid. Bei meinen Blumen im Treibhaus; mit der Gießkanne, (lächelt) Segen spendend; (vor sich hin) das jüngste Bild — vor zwei Jahren gemacht — (für sich) letzte goldene Zeit! — Damals versuchte sie, meine Blumen mütterlich zu pflegen, mir darin nachzueifern; und wie stand es ihr gut ... (in das Bild versunken) Wie anders wieder; wieder ein Wesen für sich! Wie die größte, sonderbarste, veredelste aller dieser Blumen; holde Mütter=lichkeit in dem noch so lieblichen, unverwelkten Gesicht ... (Drückt sich die Augen mit den Fingern zu.) Dann begann diese Unruhe, wieder jung zu sein, dieser Lebenstaumel ... Ach, ist es denn vorbei? (das Bild wieder anstarrend) Seh' ich sie nie mehr so? Soll ich ihr nie wieder zu Füßen sinken, wie damals, und verjüngt, verzaubert, verliebt — — (Erschrickt. Blickt unruhig an sich hinunter, umher. Athmet tief, fast seufzend.) Wie komm' ich zu diesen Gedanken — und zu diesen Bildern. (Legt das Buch hin, geht durch's Zimmer.) Ich war so lange durch die Nacht gegangen, bis ich ruhig wurde; nun ist wieder Alles hin!

Hans (für sich). Wie er sonderbar ist. — Es war eine Dummheit, daß Luise ihm das Album schickte —

Julius (wendet sich). Ja so! Du bist noch da. (für sich) Man vergißt so leicht, daß er da ist ... (laut) Also die Photographie. (gezwungen lächelnd) Ich finde keine für dich. Jede gehört —

Hans. Zum Ganzen. Ich verstehe. Ich verzichte,

Onkel. Ein andermal — wenn eine neue Photographie gemacht wird —

Julius. Ja, gewiß; dann gewiß. Also bis dahin Geduld, mein Lieber; — und nun endlich zu Bett! Ich kann es nicht dulden, daß du länger aufbleibst; und auch ich will schlafen. (Tritt wieder an den Tisch, wie zufällig. Für sich) Nur noch einen Blick... (Starrt auf die Photographie.) Wie dieses Bild mich ansieht. — Ach, ich könnte jetzt — — (Eine Zimmer-Uhr beginnt zu schlagen. Er fährt auf.)

Hans. Also gute Nacht!

Julius. Was schlägt es?

Hans. Zwölf.

Julius (der leise zusammenzuckt). Mitternacht. (Für sich, die Augen schließend.) Also Mitternacht. — Aus und vorbei. — Morgen also fort! (Legt sich eine Hand an die Stirn. Schlägt das Album zu. Legt ein anderes Buch darauf. Scheinbar ruhig, — wie abwesend.) Bitte, lösch' die Lampe, eh' Du gehst. Gute Nacht! (Ab nach rechts.)

Hans (blickt ihm nach). So hab' ich ihn nie gesehn; ich erinnere mich nicht. (Nachdenklich.) Ich glaube — — (Starrt in die Luft.) Was glaub' ich? — Ich weiß es nicht. — Ich bin jedenfalls zu müde, um noch viel zu denken. Ich bin höllisch müde ... Wenn Fräulein von Lossow etwa meinen sollte, ich werde heute Nacht um ihretwillen nicht schlafen, — dann irrt sie doch: furchtbar schlafen werd' ich. (Geht langsam, schwerfällig nach links.) „Centaurin." — Ein toller, schmählicher Gedanke. — Ich fürchte, ich werde sie heute Nacht im Traum als wirkliche Centaurin galloppiren sehn; und mich wiehern hören — als Strontian! (Ab nach links.)

Dritter Auftritt.

Clotilde, Luise (Friedrich hinter der Scene). (Clotilde tritt von hinten leise und behutsam ein, in Julius' Mantel und Hut; Luise folgt, gleichfalls im Hut und in ein leichtes Mäntelchen gehüllt.)

Luise (noch in der Thür, spricht zurück, mit gedämpfter Stimme). Und sagen Sie dem Heinrich, er soll sich nichts merken lassen —

Friedrich (draußen, unsichtbar). Alles wird besorgt!

Luise. Gute Nacht, Friedrich!

Friedrich. Gute Nacht! (Luise tritt ein, die Thür etwas offen lassend.)

Clotilde (die in starker Bewegung umherblickt, und leise durchs Zimmer geht). Die Lampe brennt noch —

Luise. Ja. Das ist sonderbar. Wir sahn doch in seinem Schlafzimmer Licht.

Clotilde (wirft den Schleier zurück). Ach, wie ist mir zu Muth! (vor sich hin) Müde — und ruhelos; glücklich — und voll Bangigkeit... (wieder umherblickend) Hier! Hier! — (mit schwachem Lächeln) Dort der andre Mantel... Und dort fehlt die Fortuna —

Luise (legt einen Arm um sie). Ich gehe also, Mutter. Im dunklen Salon, neben seinem Schlafzimmer, setz' ich mich ans Klavier, spiele sein altes Lieblingsstück, — leise, leise, aber doch, daß er's merkt. Oder wenn er schon schläft, werd' ich lauter spielen, bis er endlich aufwacht; und dann wird er horchen, (lächelnd) und sich verwundert fragen: was für ein Heinzelmännchen ist gekommen, das mir meine Musik macht? Und er wird erscheinen — ich aber verstecke mich —

Clotilde (ängstlich Luisens Arm fassend). Ja, ja! — Aber nicht zu früh. Geh' ans Klavier, ja, ja, aber warte noch; bis ich hier, am Schreibtisch — — (wie verschämt) Geh'. (unruhig lächelnd) Laß mich in Frieden und geh'! (gepreßt) Ach, mein Kind! Bist so jung, so jung, und über Dein Leben kommt schon so — Wunderbares, Unaussprechliches; — das man besser thäte, niemals zu erleben —

Luise (umschlingt sie). Aber ich liebe Dich!

Clotilde (glücklich lächelnd). Geh'! (Luise leise nach rechts hinein.) Wie schlägt mir das Herz. — Ich denke, ich sehe schon sein ernstes, ungläubiges Gesicht; und mir stockt schon die Zunge, wenn ich daran denke; und Alles, was ich fühle, was ich ihm bekennen, was ich hinausweinen möchte, flieht mir wie zurückgeschrecktes Blut wieder in das Herz.

4

Wird er fassen und glauben, was in mir geschehen ist?
Wird sein Gesicht mir nicht sagen: Zu spät! Viel zu spät!? —
Ja, ich will schreiben; lesen soll er, eh' er mich sieht...
(Setzt sich an den Schreibtisch, nimmt Papier und Feder; schreibt, zu=
erst stockend, dann hastig. Nach einer Weile, im Schreiben.) Ob er
nicht staunen wird, wie über ein Gespenst? Wenn ihm hier
seine Lampe meine Schrift beleuchtet — — und dann
mich selbst —! (Schreibt fort.)

Vierter Auftritt.
Clotilde; Hans.

Hans (kommt von links. Vor sich hin). Ich habe die
Lampe richtig brennen lassen. — Was? Der Onkel wieder
da? — Und in Hut und Mantel? (laut) Onkel Julius?

Clotilde (erschrickt; für sich). Hans? — Mein Gott!

Hans. Was ist das? — Das ist ja nicht der Onkel —
(verblüfft) das ist ja wie ein Geist. (laut) Wer da!

Clotilde (von ihm abgewandt für sich). Was will der
noch hier? (voll Scham) Soll dieser Junge mich sehn —
und Alles, Alles errathen? (Schüttelt heftig den Kopf, steht auf.)

Hans (für sich). Bei Gott, das ist eine Dame! —
Wie kommt eine Dame hierher? (laut) Erlauben Sie —
wenn ich bitten darf — haben Sie die Güte! Sich zu
erklären, mein' ich —

Clotilde (für sich). Wie bring' ich ihn fort? Oder wie
komm' ich fort?

Hans (für sich). Sie schweigt! Sie sieht mich nicht an!
(Luise beginnt nebenan gedämpft auf dem Klavier zu spielen. Clotilde
wird unruhiger, tritt vom Tisch zurück.) Was? Onkel Julius spielt
Klavier? Und eine Dame hier in seinem Zimmer — in
seinem Mantel und Hut — nach Mitternacht... (ganz außer
Fassung) Ah! Ah! — Ich hab' den Onkel immer für einen
Tugendspiegel gehalten —

Clotilde (für sich). Er oder ich muß fort!

Hans (für sich). Ich muß diese Dame sehn! (Tritt näher.)
Bitte — erlauben Sie! erlauben Sie! Im Namen meiner
Tante —

Clotilde (für sich). Warte! Ich stopf' ihm den Mund, indem ich ein gutes Werk an ihm thue — (Zieht das Blättchen Papier aus der Tasche, das sie im ersten Aufzug der Fanny fortnahm; hält es ihm hin. Mit verstellter Stimme, abgewandt) Lesen Sie!

Hans. Was heißt das? (Tritt zur Lampe vor, liest.) „Fanny Morland, fünfhundert Mark auf Hans von Hoch= feld; Handicap=Steeplechase; Ziel: Jeannette von Lossow." (Er starrt auf das Blatt. Clotilde schleicht hinter ihm nach links, zum Fenster; schlüpft hinter die Vorhänge. Hans, mühsam weiterlesend) „Herr von Marwitz fünfhundert Mark auf Bankier Ellen= berger. Anton Morland desgleichen. Fanny Morland nochmals fünfhundert Mark auf Hans von Hochfeld . . ." Das ist unerhört! Ah! ah! Das ist eine Infamie! — Mit dieser Centaurenwirthschaft, mit diesem Pferdestall will ich nichts zu thun haben . . . Wo ist die Dame, die mir das gegeben hat! (Blickt völlig verstört zurück, mit den Augen suchend. Auf die mit dem Mantel und Hut bedeckte Statue der Flora zu) Bitte, erklären Sie mir —! Wie kommen Sie zu dem Blatt —

Clotilde (den Kopf zwischen den Vorhängen zeigend, für sich). Er ist toll!

Hans. Das ist ja die Dame nicht. Das ist Flora . . Wo ist diese Dame? (Clotildens Kopf ist verschwunden. Hans blickt umher, sieht die von Luisen nur angelehnte Glasthür.) Ah! Die Thür da ist offen. Da ist sie hinaus. — Erlauben Sie! Warten Sie! (Stürzt nach hinten ab.)

Fünfter Auftritt.
Clotilde; dann Julius.

Clotilde (tritt hervor). Er ist glücklich fort . . . Er sah diese Flora für mich an . . . (Das Klavierspiel wird lauter.) Was thu' ich? — Fassung; — zu Ende schreiben; schnell, eh' er kommt! (Geht dem Schreibtisch zu. Das Klavierspiel bricht ab. Sie erschrickt, bleibt stehn.)

Julius (hinter der Szene, laut). Hans! Willst Du die ganze Nacht am Klavier sitzen? Bist Du rein von Sinnen?

Clotilde. Zu spät — ! Er ist da!

Julius (hinter der Szene). Wo steckst Du, Junge? Wo bist Du? Ich sehe nichts. Gieb Antwort!

4*

Clotilde (horcht). Kein Laut. Luise hat sich versteckt — in der Finsterniß —

Julius (hinter der Szene). In meinem Zimmer noch Licht? Clotilde. Großer Gott! Er kommt! — Nein, mich noch nicht sehen — (Weicht nach hinten zurück.) Hinaus! (verwirrt) Aber dort ist Hans! (Bleibt an der Thür wieder stehn.) Wohin? (mit einer plötzlichen Bewegung) Auf den leeren Platz! (Tritt auf das Postament der Fortuna, neben der Thür.)

Julius (tritt von rechts ein). Die Lampe brennt noch. Was heißt das? (Tritt an den Tisch.) Dieser Mensch antwortet nicht — läuft fort — läßt die Lampe brennen... Ist denn sein Kopf wirklich nicht gesund? — — Was liegt da? Hat er hier sogar geschrieben? (Nimmt Clotildens Blatt. Liest.) „Ich las einmal als Kind" — — (Stockt. Starrt hin. Fährt sich mit einer Hand langsam über die Stirn hin und her.) Ich verstehe nicht. — Das ist Clotildens Hand. — Dieses Blatt Papier — — wie kommt das auf diesen Tisch? (Liest, langsam.) „Ich las einmal als Kind ein Märchen von einem Kind. Dessen Augen waren krank geworden, flohen vor der Sonne, wollten ihr Licht nicht mehr sehn. Da schickte die Sonne ihr Kind, den Mond, das Licht von ihrem Licht; das sah dem kranken Kind ins Fenster, und der milde Glanz that ihm wohl, und es ward gesund. Und durch das liebliche Sonnenkind genesen, kehrte es zur Sonne zurück, und hatte sie lieb wie zuvor..." (Holt tief Athem; sinnt.) Das schrieb meine Frau. — Warum? Wann? Für wen? (Liest weiter.) „Julius! Ich war jetzt dieses kranke Kind. Ich komme wieder zu Dir: (das Blatt beginnt in seiner Hand zu zittern) bist Du mir noch gut?" (Ein leiser Seufzer bricht aus Clotilden hervor. Julius horcht auf; blickt über die Schulter zurück. Träumerisch verwundert, beklommen.) Wie wenn diese Flora geseufzt hätte... Spuk in meinem Kopf! (Liest.) „Du warst meine Sonne so viel Jahre lang; Wärme und Leben und Licht hatte ich von Dir; und diesen holden Mond dazu, dieses goldne Kind..." (erschüttert) Es bricht ab. Es ist aus. — Heiliger Gott! Was soll dieses Blatt? Wer hat es hierhergelegt?

Clotilde (sich bewegend, flüstert ohne Stimme, doch leise vernehmbar). Ich.

Julius (erschrickt). Es rührt sich was. Jemand schien zu sprechen. (Wendet sich.) Niemand hier. Nur die Statue da... Statuen? Zwei? Was ist — — (plötzlich) Clo= tilde!

Clotilde (mühsam Worte findend). Ja. Clotilde. — Ver= zeih mir. Obwohl Du sie nicht mehr liebst, diese „Ver= wandlungen" und Verkleidungen — doch noch wieder eine: diese da. (Den Mantel öffnend.) Das „lebende Bild" kommt hierher zu Dir; — aber als Pilgerin — als Büßerin — Julius. Du! — Clotilde!

Clotilde. Bitte, sag noch nichts; hör' mich an! (Steigt herunter, wirft Hut und Mantel ab; bleibt aber hinten stehn.) Ach, wie viel wollt' ich Dir noch schreiben —

Julius. Du hier! Plötzlich — mitten in der Nacht —

Clotilde (schmerzlich-freundlich lächelnd). Bis Mitternacht, hattest Du gefordert; — und der Weg war weit. Mit dem Kind; zu Fuß —

Julius. Du!

Clotilde. Ja, ich. Ging ich nicht oft viel, viel weiter mit Dir — nur um von einem Berg in die Welt zu schauen — und sollte nun nicht diesen Lebensweg gehn, zu Dir? (mit zitternder Stimme) Um Dir zu sagen: ich danke Dir für mein „goldenes Kind" (auf das Blatt in seiner Hand deutend), und für all das Licht von Deinem Licht, das Du ihr gegeben; und in ihr lieb' ich Dich! — — Könntest nur auch Du mich in ihr noch lieben; und Geduld mit mir haben, bis ich Frieden finde — bis ich ihr ähnlich werde — oder wie Du willst... Diese letzte Jugend in mir, die noch so thöricht sein kann, sie hat auch noch die Kraft — glaube mir — neu zu wachsen, im Guten, im Frieden — mit ihr und mit Dir!

Julius (in stiller Seligkeit sich zu fassen suchend). Wie be= schämst Du mich. Mich, der ich an nichts mehr glaubte — nicht an Dich, nicht an mich — — und nun geschehen Wunder in uns Beiden — (da sie ihn wie fragend anblickt) so ja! auch in mir. (Gedämpftes Klavierspiel beginnt wieder, eine einfache, innige Melodie. Julius, wie begreifend) Das ist unser

Kind ... (Clotilde nickt.) Guter Gott! was für ein Kind. Dich führt sie zu mir zurück: (nach dem Tisch blickend, wo das Album liegt) und mir legt sie stumm, von Weitem, die kleine Hand auf das Herz — öffnet mir die verdrossenen, gealterten Augen, die sich schließen wollten — daß ich wieder hinter mich schaue in mein Jugendglück, als ich jung war wie Du, als Du mein Leben warst, als Alles, Alles noch gut war — — (ihre Hand ergreifend) wie es wieder werden soll, wenn nur Dein Mund, Deine Augen nicht fromme Lügen sagen — wenn Dein Herz mir noch gut ist!

Sechster Auftritt.

Die Vorigen; Luise. (Während der letzten Worte hat das Klavierspiel geendet.)

Clotilde (auf Luise deutend, die rechts, zögernd, in die Thür tritt; leise). Frag' Dein Kind, ob ich Dir noch gut bin. Sie weiß es!

Julius (tief bewegt). Komm zu mir, mein Kind. (Luise geht auf ihn zu; er nimmt ihre beiden Hände.) Mir ist etwas Gutes geschehn: (lächelnd) ich hab' meine Fortuna wieder, — eben stand sie dort; — und sie geht nicht mehr fort. (Luise in die Arme nehmend, daß ihr Kopf an seine Schulter sinkt.) Und Du — — du hattest Recht —

Luise (leise). Worin hatt' ich Recht?

Julius. Mir das Buch da zu schicken, — das Photographiebuch: mir dadurch zu sagen: es ist voll; fang' ein neues an ... Ja, ja, ja, mein Kind, ja es wird geschehn; wir fangen ein neues an; (mit einem liebevollen Blick auf Clotilde) die braune Pilgerin als das erste Bild!

Luise. Vater! (Umschlingt und küßt ihn.)

Julius. Und Du, Clotilde? Mein „Proteus"?

Clotilde. Julius! (Wirft sich an sein Herz.)

(Der Vorhang fällt.)

———•———

www.ingramcontent.com/pod-product-compliance
Lightning Source LLC
Chambersburg PA
CBHW031801090426
42739CB00008B/1103